本书得到国家社会科学基金重大项目"人民币加入 SDR、一篮子货币定值与中国宏观经济的均衡研究"(16ZDA032)以及山东省"泰山学者"专项工程经费(ts201712059)的支持。

泰山金融论丛

TAISHAN JINRONG LUNCONG

中国资本账户开放问题研究

CAPITAL ACCOUNT LIBERALIZATION IN CHINA

彭红枫 肖祖沔 等◎著

人民出版社

序 一

我与本书作者彭红枫教授，早在 2012 年武汉大学举办的学术会议上相识。自从那时他就一直孜孜不倦地研究中国资本项目开放、人民币汇率和人民币国际化。很巧我们俩曾经一起获得 2016 年度国家社科基金重大项目"人民币加入 SDR、一篮子货币定值与中国宏观经济的均衡研究"。期间多次交流。他的许多前沿的问题分析予我以很大启发。

本书系统和重点围绕央行 2012 年发布的研究报告《加快资本账户开放条件基本成熟》以来的一个逐步放松资本管制的理论与实践的探索过程。以经济福利为标准，寻找汇率改革与资本账户开放政策搭配的最优路径并分析福利波动的内在机制。结合中国经济现实将金融摩擦、强制结售汇制度、有管理的浮动汇率制度等因素以及广义的非抛补利率平价引入开放经济动态随机一般均衡模型内。从更为贴合实际经济运行状态的模型出发，探讨我国汇率市场化及资本账户开放改革的推进路径。

书中突出的理论贡献有：突出了中间汇率制度状态的更多可能的政策组合；推导出存在资本管制的广义非抛补利率平价方程；现实中对资本的管制和特殊的强制结售汇制度均会对居民资产配置行为产生影响等机理；设置不同的汇率市场干预力度及资本账户开放程度的参数组合来计算不同政策组合参数下对应基准模型产生的福利损失，并以福利水平的高低作为评判政策组合效果的标准。

本书所有的前期文献综述很到位，是观点分类的升华荟萃。与此同时将方法论也予以归纳。尤其是对国际上资本账户开放四类指标的归纳总结和相对应的中国指数的匹配为后续的研究奠定了基础。在因素分析时候，将样本分为发达国家和发展中国家进行实证分析。发达国家包括澳大利亚、美国、英国、法国、德国、意大利、加拿大、日本与韩国等经合组织成员国；发展中国家包括阿根廷、巴西、墨西哥、印度、印度尼西亚、沙特阿拉伯、南非和土耳其。为了能更好地评估中国资本账户改革的各项条件是否成熟，在实证分析时将中国作为样本外国家，根据实证结果计算出中国资本账户开放程度的理论值，将其与开放度的实际值进行对比分析，进而为中国资本项目改革的具体方向和措施提供建议。这种分析方法比较真实和客观。利用基于 FGLS 估计的面板固定效应模型对 G20 国家资本账户开放程度的影响因素进行了实证分析研究发现：中国资本账户开放度总体呈现逐步上升的趋势，并且事实测度下中国的资本账户开放程度基本都高于国际经验水平。这说明，相比于具有类似的政治、经济、金融条件下的其他发展中国家而言，实际经济指标测算的中国资本账户开放程度是偏高的，表明根据国际经验规律，当前中国资本账户开放的节奏过快，而相关的社会、经济与金融条件仍然不够稳固，资本账户全面开放的时机尚未成熟。因此，目前中国应进一步提升综合国力和经济发展质量，推动金融体系深化改革，完善相关政策法规和制度建设，合理安排资本账户开放与利率市场化、汇率市场化等相关改革的顺序，并制定相应的风险防范措施，在各方面条件基本成熟的情况下稳步推进资本账户开放。此外，本书在一般均衡框架下构建了包含资本管制的理论模型，通过求解家庭动态最优化问题得到了广义非抛补利率平价方程。理论推导发现，资本管制是传统意义上的非抛补利率平价失效的重要原因。央行干预对于非抛补利率平价并无显著影响，资本管制才是关键影响因素。

本书针对 2015 年 8 月以来，人民币持续贬值，人民币兑美元汇率长期贴水，但中美利差却不断上升，二者的关系偏离利率平价现象进行了分析。认为 2016 年 10 月以来二者关系甚至严重背离利率平价，现有关于资本账户开放的研究往往忽略了这一现象，因而难以解释中国高利率却资本外流以及美国加息期间资本回流的现象。为此借鉴戴维斯和普雷斯诺（2016）的方法引入国际风险溢价构建一个小国开放经济动态随机一般均衡模型研究资本账户开放对经济波动和居民福利的影响，从理论分析和脉冲反应看模型与美国加息期间人民币贬值、短期资本回流等现象高度契合。国际风险溢价和资本管制使本国外汇储备积累速度增加，本国政府发行更多的债券为购买外汇融资，居民增加储蓄减少消费，降低社会需要并加剧经济波动。提出中国在资本账户开放过程中应持续推进利率和汇率市场化改革，降低国际风险溢价水平，减少外国货币政策冲击对本国经济波动和通胀波动的影响，增加资本账户开放的收益。

本书还构造了一个包含资本管制、外汇市场干预及金融摩擦的开放经济动态随机一般均衡模型。如果在资本管制情形下，非抛补利率平价出现偏离，那么央行对外币计价债券的获取方式会相应改变，进而影响到货币政策的选择。在经历外国加息冲击之后，利率利差变小，央行更倾向于发行债券冲销的方式获得外币计价债券，这一种对外汇市场的干预会直接导致国内货币供给的收缩。货币供给减少，进一步会导致短期利率上升，总需求和通胀水平下降。另外，在经历外需减少冲击之后，本国经常账户余额随着出口的下降而减少，央行结汇需求也减少，进而导致本国外汇储备下降，同时国内总需求的减少也会导致产出和通胀的下降。这也可以部分解释这次新冠肺炎疫情后的全球普遍存在的需求不足后物价下跌、利率下跌、货币贬值压力问题。

本书将资本账户开放、金融稳定与经济增长三大关系综合进行分析。引入时变参数向量自回归模型以捕捉模型滞后结构的时变特征和可能的非线性特征。从"资本账户开放—经济增长"的总效应中分解出"资本账户开放—金融稳定—经济增长"这一分效应，从而具体分析了资本账户开放对经济增长的时变性影响。发现资本账户开放对经济增长的短期影响波动较大，中长期则呈现出一定的规律性；从资本账户开放对金融稳定状况的影响来看，资本账户开放对金融稳定状况的影响主要集中在中短期；从金融稳定状况对经济增长的影响来看，虽然金融扩张在短期内可能促进经济增长，但是中长期影响并不稳定，说明从金融体系传导至实体经济的渠道没有打通，这在一定程度上削弱了2011年后资本账户开放对经济增长的促进作用。

最后本书提出了的政策建议诸如：坚持有管理浮动汇率制，稳步推进汇率市场化；审慎推进资本账户开放，维持金融稳定；协同推进汇率市场化改革与资本账户开放。这些建议很值得决策层思考。

由于本书各个章节其实都发表在《世界经济》《管理科学学报》《国际

金融研究》等一流的期刊上，为此多次使用了 DSGE 模型，作为一本书的章节之间同一个模型还需要协调一下。

丁剑平

2020 年 8 月 29 日星期六

上海财经大学武东路校区

序 二

2020年是国庆节也是中秋节，本来可以放松休息一下。可是接下了彭红枫和肖祖沔老师交给我的一个光荣的任务，要我为他们的专著《中国资本账户开放问题研究》写一个序言。这下可就不轻松了。

我已经好久没有做国际金融的研究。碍于老朋友的情面，只好硬着头皮答应下来。放假后，才有了一个专门的时间来学习。

读完了他们给我寄来的书稿后，我给自己泡了一杯茶，一边喝茶一边思考。中国资本账户开放问题也是一个金融国际化和经济全球化的问题。我忽然想起了钱锺书先生的《围城》来。城里面的人想出去，城外的人想进来，婚姻问题是这样，金融和经济问题不也是这样吗？城门关起来总不是好办法。可是我们这些研究金融和经济的人研究来研究去最后得出个结论，打开城门可以达到"帕累托最适度"，可是，如何打开城门才能达到所谓的"帕累托最适度"呢？

我又翻开他们的书稿。他们在这部专著中，对资本账户开放问题及汇率的研究需要基于汇率制度、国际资本流动以及金融改革的基本设定，而这方面的经典理论存在非抛补利率平价假设失效和不能直接应用于存在特殊汇率、资本账户政策条件下宏观经济问题的研究等问题。

正因为如此，他们在这本专著中对这些理论进行了完善，通过建立贴合我国经济现状与金融制度的宏观模型，弥补了对我国有管理的浮动汇率制度下汇率市场化和资本账户开放相关研究的欠缺。

同时，他们还以经济福利为标准，对汇率改革与资本账户开放政策搭配的最优路径和福利波动的内在机制进行了分析。

明白了他们的贡献及其提出的"开放优化路径"之后，我又在问：他们是如何逐步对此展开分析与论证的呢？

　　我开始再一次翻看书中的内容，看到了本书有四个核心部分：一是对资本账户开放的影响因素进行实证分析。二是构建模型并实证检验了我国非抛补利率平价扭曲与资本管制之间的动态关系。三是从更为贴合实际经济运行状态的模型出发，分析宏观经济波动，探讨我国汇率市场化及资本账户开放改革的推进路径。四是对资本账户如何影响金融稳定与经济增长展开实证分析。这四个部分的内容逻辑连贯，层层递进，不仅使读者可以更清晰地了解资本账户开放有关理论及作用，也能为当前资本账户开放提供宝贵的理论参考及实践建议。

　　我接下来又有了一个问题，为什么他们能对此问题进行如此全面和深入的研究呢？书中还有一段介绍文字引起了我的注意。本身得到国家社会科学基金重大项目"人民币加入 SDR，一篮子货币定值与中国宏观经济的均衡研究"（16ZDA032）以及山东省"泰山学者"专项工程经费（IS201712059）的支持，我明白了，正是因为国家和地方重大项目的支持，所以他们便有了足够的时间、精力与经费来对此问题进行深耕细作了。

　　放下书稿，我又想到了我们在 2020 年所面临的经济形势和背景。目前国际上正在翻滚着逆全球化浪潮，新冠肺炎疫情正在全球蔓延，全球经济面临着下行和衰退的严重压力。正因为如此，在此背景下，这部《中国资本账户开放问题研究》，适逢其时，具有极其重要的现实意义！

　　我深信，人类终将战胜新冠肺炎疫情，经济全球化的步伐不会停止，中国将会在这个"大变"的历史时代迎来一个真正崛起的机遇。正如党的十九大报告所指出："开放带来进步，封闭必然落后。中国开放的大门不会关闭，只会越开越大！"

叶永刚

2020 年 10 月 4 日于武汉大学

目　录

绪　论

第一节　资本账户开放的宏观背景与研究价值

一、金融改革背景概述

2015 年 10 月我国央行取消存款利率上限，意味着我国已基本实现利率市场化，因此汇率市场化及资本账户开放成为当前阶段最为重要的两项金融市场化改革。2016 年 10 月，人民币正式加入特别提款权（SDR）货币篮子。为了达到国际货币基金组织（IMF）制定的特别提款权篮子货币的标准，我国政府更需要进一步推动人民币汇率市场化改革和人民币可自由兑换。

1994 年以来，我国不断推进汇率制度改革，已经确立了以市场供求为基础、参考一篮子货币的有管理浮动汇率制，并且 2012 年之后，监管当局两次扩大汇率波动幅度。随着汇率改革的深化，我国汇率形成机制逐渐成熟，汇率的市场灵活性逐渐增强，但是政府管制以及对汇率市场的干预依然在汇率形成机制中扮演着重要角色。与此同时，我国资本账户开放处于逐步推进阶段，中国人民银行于 2012 年发布的研究报告《加快资本账户开放条件基本成熟》也表明，现阶段我国开始具备资本账户开放条件，资本账户的开放是一个逐步放松资本管制的长期过程。根据国际货币基金组织划分的资本管制指标，目前我国实现基本可兑换项目 14 项，部分可兑换项目 22 项，剩下还有 4 个项目完全不可兑换。具体包括"资本和货币市场工具"中的"非居民在境内发行股票类证券"和"非居民在境内发行货币市场工具"两个子项，以及"衍生工具和其他工具"中的"非居民在境内发行衍生产品"和"居民在境外发行衍生产品"这两个子项，整体来看，当前我国对于推进汇率市场化和资本账户开放的政策制定以及路径选择依然处在摸索阶段。

我国金融改革过程并非一帆风顺，也面临着挫折和挑战。在汇率市场化方面，2015 年中国人民银行已开始推进新一轮汇率制度改革（"811"汇改），将前一日银行间汇率收盘价纳入汇率中间价形成机制以更好地反映市场供求关系，增加汇率弹性。但是这种过于激进的改革措施直接引发了汇率的大幅贬值以及国际金融市场波动。在资本账户开放方面，由于我国对外出口从 2015 年开始出现同比负增长，外汇储备余额从 2014 年下半年开始出现持续下滑，而且人民币名义有效汇率自 2012 年开始就表现出持续贬值的趋势，资本外流压力较大（见图 0-1）。同时，美联储 2016 年 12 月开始的加息周期也给稳定人民币汇率的目标带来挑战，客观上进一步加大了我国资本外流的压力。面对严峻的经济形势，我国外管局在 2017 年 1 月颁布了外汇管制新规，除禁止资本流动用于不可兑换资本项目以外，对预计使用外汇时间也进行有效监管。这些管制措施的提出表明资本账户开放进程依然面临挑战。

在这样的宏观背景下，从理论上探究我国资本账户开放的路径选择及其对金融稳定、经济增长与福利水平的影响显得尤为重要和急迫。

二、本书研究的理论价值与现实意义

（一）理论价值

开放经济条件下汇率制度的选择以及国际资本流动对于宏观经济动态影响一直都是学者们研究的重要领域。20 世纪 50 年代米德的内外均衡目标冲突论在固定汇率制度前提下，开创性地讨论了货币政策无法同时兼顾经济内外部均衡目标的机理，强调政策搭配的重要作用。20 世纪 60 年代以后，蒙代尔与弗莱明开始将这一讨论拓展到货币政策、财政政策在固定、浮动汇率制度下的有效性和政策组合的选择，奠定了开放宏观经济研究的基石。随后 20 世纪 90 年代，克鲁格曼总结了蒙代尔—弗莱明模型的推论，提出了"三元悖论"理论，作为开放宏观经济研究中的重要里程碑，成了各国金融改革实践的重要理论支撑。在这些经典理论基础上发展起来的新开放宏观经济

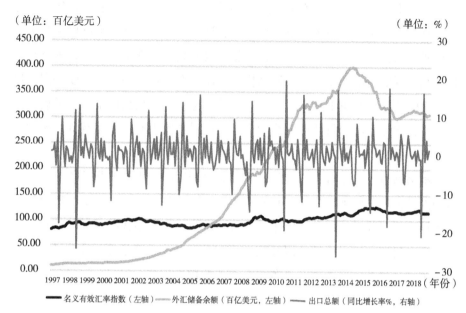

（单位：百亿美元）　　　　　　　　　　　　　　　　　　　　　　　　　（单位：%）

图 0-1　我国出口总额同比增长率、名义有效汇率以及外汇储备余额

数据来源：Wind 数据库。

理论，成为 20 世纪 90 年代之后研究汇率制度、国际资本流动以及金融改革的基本理论框架，而开放经济动态随机一般均衡（DSGE）模型的构建和求解则成了主流研究方法。

　　但是，所有这些经典理论均将非抛补利率平价作为基本假设，但大量的实证研究均发现经典非抛补利率平价失效的证据。与此同时，新开放宏观经济理论之前的经典理论均存在卢卡斯（Lucas）批判的问题，无法反映经济个体预期随经济状况改变而变化从而对经济变量间动态联系产生的影响。基于经济结构稳定前提制定的最优政策往往随着政策的推进改变经济主体预期，进而导致政策效果被削弱。而新开放宏观经济理论及其扩展形式虽然很好地解决了卢卡斯批判，依然不能直接应用于存在特殊汇率、资本账户政策条件下宏观经济问题的理论研究。这主要是因为管理浮动汇率制度、资本管制以及强制结售汇等制度安排会造成较大的经济摩擦和市场机制扭曲，一旦模型设定中忽略这些问题结果将出现较大偏误。

　　针对经典理论存在的这三个方面不足，本书进行了相应的完善与补充。首先，在资本管制条件下，本书从一般均衡理论模型出发对非抛补利率评价方程进行推导，考察是否存在更为广义的利率平价形式。并且结合实证分析，对广义的非抛补利率平价方程进行验证。解决传统利率平价理论与大量实证研究结论之间的冲突。其次，在新开放宏观经济理论基础上，本书结合我国经济现实将金融摩擦、强制结售汇制度、有管理浮动汇率制度等因素以及广义的非抛补利率平价引入开放经济动态随机一般均衡模型内。最后，从更为贴合实际经济运行状态的模型出发，探讨我国汇率市场化及资本账户开放改革的推进路径。

本书通过建立贴合我国经济现实与金融制度的宏观模型弥补了对我国有管理浮动汇率制度下汇率市场化和资本账户开放相关研究的欠缺。以经济福利为标准，寻找汇率改革与资本账户开放政策搭配的最优路径并分析福利波动的内在机制。本书中理论以及实证研究是对开放经济条件下政策搭配与金融改革理论的补充和改进，具备较为重要的理论价值。

（二）现实意义

随着"811"汇改之后我国汇率制度弹性的加大，汇率出现大幅贬值且引起国际金融市场波动。而资本账户开放的推进也因为 2015 年之后资本外流压力大增而面临挑战。这样的宏观经济背景下，如何协调推进汇率市场化及资本账户开放已成为我国政府亟待解决的问题：这两项金融改革是否有必要确定先后顺序？是否需要在不同时期分别有所侧重？如何实现金融市场化改革进程中宏观经济的稳定以及经济福利损失的最小化？资本账户的开放会如何影响金融稳定与经济增长？本书的研究结论能够很好地回答这些问题。因此对于我国政府当局选择推进金融改革的最优路径、稳定宏观经济与福利水平有着重要的现实意义。

第二节　本书主要内容与分析框架

一、主要内容

本书的核心内容主要包括四个部分。首先，基于可行性广义最小二乘法（FGLS）的固定效应面板模型对资本账户开放的影响因素进行实证分析。其次，构建并求解包含了资本管制的一般均衡模型，得到广义非抛补利率平价方程。基于包含结构突变的分位数回归模型实证检验了我国非抛补利率平价扭曲与资本管制之间的动态关系。再次，通过将有管理的浮动汇率制度、资本管制、金融摩擦以及强制结售汇制度引入开放经济动态随机一般均衡模型之中，分析存在多种摩擦的动态随机一般均衡模型中各经济变量的均衡条件，以及外生冲击对于整个经济系统的影响。在此基础上，以经济福利水平为标准分析我国汇率制度改革与资本账户开放最优路径的选择。最后，选用时变参数向量自回归（TVP-VAR）模型对资本账户如何影响金融稳定与经济增长展开实证分析。

（一）资本账户开放影响因素分析

采用政策法规名义测度法和经济指标事实测度法来衡量资本账户开放程度，利用基于可行性广义最小二乘法估计的面板固定效应模型对G20国家资本账户开放程度的影响因素进行了实证分析，在此基础上，得到国际经验规律下中国资本账户开放程度应达到的理论水平，并将其与实际值进行对比分析。

（二）资本管制与广义非抛补利率平价

在资本管制条件下，从一般均衡理论模型出发对非抛补利率评价方程进行推导，考察是否存在更为广义的利率平价形式。并且结合实证分析，对广义的非抛补利率平价方程进行验证。解决传统利率平价理论与大量实证研究结论之间的冲突。

（三）资本账户开放路径理论研究

本书在新开放宏观经济理论基础上，纳入前沿文献作出的扩展和改进，并且结合我国经济现实将金融摩擦、强制结售汇制度、有管理的浮动汇率制度等因素，以及广义的非抛补利率平价引入开放经济动态随机一般均衡模型内。从更为贴合实际经济运行状态的模型出发，分析宏观经济波动，探讨我国汇率市场化及资本账户开放改革的推进路径。

（四）资本账户对金融稳定及经济增长影响

在开放宏观理论分析基础上，我们再次将着眼点放到国内金融稳定与宏观经济增长。这是因为，事实上关于资本账户开放对一国金融市场和实体经济影响的争论一直没有停止过。由于资本账户开放所涉及的政策变动对宏观经济的时变冲击难以用传统线性模型进行度量和分析，学术界并未就此达成共识。本书引入时变参数向量自回归方法，探究中国资本账户开放的时变性效应，并从金融稳定的视角，分析中国资本账户开放为何会在不同的时期对实体经济造成不同的影响，进而对中国金融市场改革提出相关建议。

二、分析框架

本书首先从经典文献和相关国际经验出发，回顾我国金融改革进程，分析借鉴国际经验。其次，基于现有基础理论框架，拓展利率平价关系，构建求解开放经济动态随机一般均衡模型并展开福利分析，研究不同金融开放路径下宏观经济波动与经济福利水平变化。最后，基于时变参数的向量自回归模型进行实证分析，探讨资本账户开放对于金融稳定与经济增长的动态影响（见图0-2）。

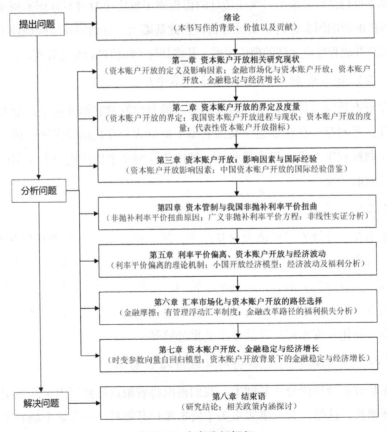

图 0-2 本书分析框架

三、基本思路

本书首先对汇率市场化及资本账户开放相关前期文献进行梳理，归纳总结出相关的重要基础理论及模型。相关的理论基础主要包括有古典内外冲突理论、蒙代尔—弗莱明模型、汇率超调理论、"三元悖论"以及新开放宏观经济理论。由于这些经典理论均将非抛补利率平价作为前提假设，而大量的实证研究都发现了非抛补利率平价失效的证据，存在尖锐的冲突。本书在现有研究基础上，放宽资本自由流动的假设，将资本管制引入一般均衡模型，求解资本管制条件下的广义非抛补利率平价方程。随后，通过实证分析来检验这一方程，结果表明数据与理论推导的结果可以很好地拟合。对非抛补利率平价的修正一方面能够拟合现实数据；另一方面由于模型纳入了经济主体预期，不会出现卢卡斯批判指出的问题。进一步，将贴合我国经济现实的有管理浮动汇率制度、资本管制、强制结售汇制度，以及金融摩擦纳入开放经济动态随机一般均衡模型并求解。通过对脉冲响应图及经济福利水平的分析，可以从更为贴合实际经济运行状态的模型出发，分析宏观经济波动状态，并且以福利损失为标准，探讨我国汇率市场化及资本账户开放改革的最优路径及政策搭配。最后，能够充分反映经济系统时变特征的时变参数向量自回归模型被应用于资本账户对金融稳定及经济增长影响的研究。充分考虑到我国改革开放之后宏观经济金融体系发生的深刻变化，深入探讨资本账户开放—金融稳定—经济增长三元关系。

第三节　理论贡献

本书在前期文献基础上从实证分析和理论模型求解两个方面展开研究。对现有研究的主要贡献包括：（1）现有的开放经济宏观模型对于汇率制度的设定基本上都局限于固定或者浮动汇率制，忽视了大量国家所采用的中间汇率制度，例如中国现行的有管理浮动汇率制。由此导致大量的研究仅局限于两种极端汇率制下宏观经济波动和福利水平的对比分析，而几乎没有对中间汇率制度下的相关问题进行深入研究。这一现状也直接导致对开放经济下政府政策搭配的研究更多地集中在几个角点解，而忽视了中间状态的更多可能的政策组合。本书理论模型中通过对政府外汇市场干预的刻画，设定不同干预力度参数实现对有管理浮动汇率制下各种可能政策搭配的分析。（2）自非抛补利率平价理论诞生以来大量的实证研究均得到相反的结论，认为这一理论假设在实际金融市场是失效的。加之这一理论建立在资本完全流动和金融交易无摩擦等较为极端的假设上，也无法很好地贴合经济现实。本书第四章通过构建一个资本管制条件下一般均衡模型，推导出存在资本管制的广义非抛补利率平价方程。并且基于实际数据验证了该方程的存在。同时，第五章在小国开放经济动态随机一般均衡模型中探讨了利率平价偏离条件下，资本账户开放与宏观经济波动相关问题。（3）我国存在对资本的管制和特殊的强制结售汇制度，二者均会对居民资产配置行为产生影响，导致市场的扭曲。绝大部分前期研究都仅涉及其中一个方面，无法体现这两个因素产生的总体效应。因此，本书第五章和第六章在开放经济动态随机一般均衡模型中同时纳入资本管制和强制结售汇制度，更为贴合我国实际。（4）相对于发达国家而言，我国金融体系更为脆弱和低效，应对国际金融冲击能力较弱，政府出于维持金融经济稳定的考虑，往往会进行汇率干预和资本管制，抑制外汇投机和短期资本流动。本书第六章为了在模型中体现出这种金融体系非有效状态，进一步设定了存在运营成本的银行部门，作为居民进行债券交易的金融中介。（5）前期研究中对不同汇率及资本账户的政策组合对于宏观经济波动影响的分析缺乏一个统一的量化标准。本书在理论模型中设置不同的汇率市场干预力度及资本账户开放程度的参数组合，计算不同政策组合参数下对应基准模型产生的福利损失，并以福利水平的高低作为评判政策组合效果的标准。福利分析的结果能够为中国金融市场化改革的最优路径选择提供理论依据。（6）最后，本书第七章还将时变参数模型应用到资本账户开放相关研究当中，能够捕捉到传统线性计量模型无法识别的系统性时变特征，得到更为稳健和丰富的计量分析结果。

第一章　资本账户开放相关研究现状

第一节　资本账户开放的内涵及其影响因素

一、资本账户开放的内涵

国际货币基金组织对于经常账户开放一直没有一个明确定义。国际货币基金组织规定成员国能够保留一定程度的国际资本干预和管制措施，以便对国际资本流动有适度的控制。但是，这类资本管制措施不得限制经常项目中的支付或资金的转移，并将加快成员国资本账户开放确认为其目标。

埃文斯和古克（Evans 和 Quirk，1995）基于政府的资本管制措施对资本账户开放的定义为：资本账户开放指的是解除资本账户项目下资本交易所面临的外汇管制。艾青格林和穆萨（Eichengreen 和 Mussa，1998）则认为资本账户开放的进程中应当逐步解除资本交易相关的汇兑管制及其他管制。国内学者当中，管涛（2001）将资本账户开放定义为，避免对跨境资本交易以及相关的支付和资产转移施加限制，避免实行歧视性的货币安排以及采取交易征税或补贴等歧视性的措施。姜波克（2002）同样将资本账户的可兑换界定为基本实现资本自由流动，即不再针对外币兑换、对外支付和交易。虽然学者们对于资本账户开放尚无完全统一的定义，但这些定义的实质均是相同的。因此，本章从广义上将资本账户开放定义为为政府当局解除资本交易相关的汇兑、支付及交易限制，基本实现资本跨国自由流动。

关于资本账户开放程度的度量。罗德里克（Rodrik，1998）使用样本期内资本账户开放的年数的比例（用 SHARE 表示）来衡量资本账户开放度。为了弥补 SHARE 指标的不足，奎因（Quinn，1997）使用国际货币基金组织《汇兑安排与汇兑限制年报》（AREAER）基于资本账户收入和资本账户支出两个层面数据构建资本账户开放度代理变量，度量了本国与其他国家之间资本账户开放程度。罗德里克（1998）和奎因（1997）构建的指标都可以衡量一国总体资本账户开放度，但国家间资本流动还包括长期资本，而且资本账户各子项目开放程度也具备重要意义。

钦恩和伊藤（Chinn 和 Ito，2008）从深度和广度两个方面来构建资本账户开放指标，称为 KAOPEN 指标。辛德勒等（Schindler 等，2009）则进一步从具体的六个资产类别数据构建了新的资本账户开放度指标。随后，克莱因（Klein，2012）在辛德勒等（2009）的基础上将样本期扩展到 2010 年，但其对资本账户开放度指标所进行的扩展工作是建立在牺牲指标全面性基础上的。为了弥补这一不足，费尔南德斯等（Fernández 等，2016）进行了更全面的补充，数据扩充至 100 个国家，指标构建体系中纳入资本流入和资本流出两个层面，共 10 个细分资产类别的管制水平。

二、资本账户开放的影响因素

埃奇韦里亚等（Echeverria 等，1997）指出一系列适当的金融工具、金融机构和金融政策改革的配合是保证一个成功且可持续性的资本账户开放进程的前提。从资本账户开放的前提条件角度出发，学者们主要从宏观经济因素和政治环境因素两方面研究资本账户开放程度的影响因素。

一方面，从资本账户开放的动机入手，学者们对影响资本账户开放程度的宏观经济变量进行了分析。阿雷西纳和萨默斯（Alesina 和 Summers，1993）、格里里和迈西·费雷蒂（Grilli 和 Milesi-Ferretti，1995）发现为了获取高额税收、保持较低的国内利率，政府越庞大、国民收入越低、央行独立性越低的国家实行资本管制的可能性越大。勒邦（Leblang，1997）指出当一国实行固定汇率制且拥有较少的外汇储备时，实行资本管制的可能性更大。姜波克（1999）从跨境资本流动的结构出发，发现当短期资本流动占比较高时，金融开放更容易导致严重的后果。为了控制热钱流动对内外部经济的冲击，一国应该在拥有较好的基本经济特征（包括经济发展程度、通货膨胀指标、对外开放政策等）时放松资本管制（马格德和莱因哈特，2006）。彭红枫等（2018）认为，一国的经济发展水平、国内生产总值

（GDP）的波动、金融市场发展水平、通货膨胀率、外汇储备水平以及经济冲击是影响发达国家与发展中国家资本账户开放程度的共同因素。冼国明和李炳涛（2018）则区分了流入与流出项目，认为保持较低的通货膨胀率与较高的经济发展水平、本币低估程度有利于一国资本流出项目的开放，维持较高的贸易开放程度则有利于资本流入项目的开放。

关于金融发展程度对资本账户开放的影响，布曼和伦辛克（Bumann 和 Lensink，2016）发现只有当金融深化程度较高时，资本账户开放才会有效降低收入分配不均。而熊芳和黄宪（2008）认为较高的金融发展程度并非资本账户开放的必要条件，资本管制的放开会反过来促进健康稳定的金融发展。近年来，一些学者分析了多种宏观经济变量对资本账户开放程度的影响。朱冰倩和潘英丽（2015）分析了经济发展水平、国内金融市场深度、金融市场流动性和多样性、对外投资规模、宏观经济稳健性以及外汇储备充足程度这 6 个宏观经济变量对资本账户开放的影响，提出我国应该坚持有限且定向的资本市场开放。王曦、陈中飞和王茜（2015）研究了资本流出和流入项目开放程度的影响因素，发现当一国经济发展程度越高、通货膨胀率越低、贸易开放程度适中时，将同时有利于资本流出项目和流入项目的开放；而对外净资产头寸越大，则越有利于资本流出项目的开放。郭桂霞和彭艳（2016）研究表明对于国家层面，经济金融发展水平、对外开放程度和制度建设水平对资本账户开放的效果具有门槛效果；而经济发展水平和对外开放程度会影响省际层面的资本账户开放效果。高禄和车维汉（2018）将金融发展程度和制度质量的乘积定义为经济基础条件，认为资本账户开放对经济增长积极作用的发挥需要本国的经济基础条件达到一定的门槛值。陈若愚等（2019）则发现了较高的金融发展程度有助于资本账户开放对对外直接投资和对内证券投资促进作用的发挥。

另一方面，资本账户的开放程度还受到社会环境因素的影响。马西森等（1995）通过总结各国资本账户自由化的经验，发现国家经济政策的可信度和一致性对于资本账户开放的可持续性具有重要影响。克莱因（2005）研究发现与制度环境较差的国家相比，制度环境较好的国家更有利于吸引更多资本流入，推进资本账户加速开放。特拉贝尔西和谢里夫（Trabelsi 和 Cherif，2017）指出只有当一国具备发达的制度环境和高效率的私人部门时，资本自由流动才会促进经济增长。

良好的宏观经济条件是资本账户开放的基础，而配套的社会环境保证了资本账户开放可持续性。尽管部分学者在资本账户开放的影响因素中同时将两方面指标列入考虑范围，但并未系统地将这两类指标进行区分，分别地考虑经济因素和社会环境对资本账户开放程度的影响。同时，关于社会环境对资本账户开放程度的影响，学者多从单方面进行考虑，缺乏对一国社会环境综合性的测评。

第二节　金融市场化与资本账户开放

一、利率市场化

当前正值中国金融市场深化改革阶段，其中利率市场化和汇率市场化都是金融市场深化改革的重要组成部分。目前，我国的利率市场化正在稳步推进。2013 年中国人民银行决定全面放开金融机构贷款利率管制，2015 年改革进一步推进不再设置存款利率浮动上限，从这之后我国的利率市场化进程也在不断加速推进。接下来我们将从利率市场化的原因、路径、测度和应用四个方面对利率市场化作出解读。

（一）利率市场化原因

麦金农和肖（1973）从发展中国家视角出发，在对发展中国家的问题进行研究时，提出了两个理论"金融抑制论"和"金融深化论"，他们的主要观点是实现金融自由化改革需要放松利率和汇率管制，使资本自由流动。在利率方面，他们认为由于存在利率管制发展中国家经济低利率水平抑制了储蓄从而对经济增长不利因此需要进行利率市场化改革，由市场供求来决定利率。

库玛（Kumar，1994）研究也认为实现通过市场配置资源是构建有效金融市场的重要保障，但实现利率市场化的条件是建立完善的资本市场。战明华等（2019）通过对利率市场化和伯南克之谜的关系进行研究后指出构建具有中国特色的以利率传导渠道占主导的灵活高效的货币政策传导机制，是新时期全面深化市场化改革背景下完善货币政策调控体系的重要目标，但这一目标的实现除了依赖利率市场化改革还需要防止金融过度自由化来干扰货币政策的传导效果和效果的可预测性。

（二）利率市场化路径

在利率市场化的方向研究方面，玛蒂森（Mathieson，1980）研究认为金融市场化应稳步推进，解除利率管制也不可一蹴而就。要考虑到金融机构的承受能力。克鲁格（Krueger，1994）认为可以通过控制通货膨胀等手段来减轻较高的通货膨胀水平对利率市场化的抵消作用。易纲（2009）在对改革开放 30 年利率市场化的进程进行总结和回归的同时，也提出了利率市场化路径的相关看法，他认为要进一步的推动利率市场化进程，需要完善自由竞争机制和退出机制这两个机制也是利率市场化的重要条件。郭建伟（2007）、张晓慧（2011）研究了上海银行间同业拆借利率（Shibor）基准利率的作用，他们认为应当以上海银行间同业拆借利率为核心按照需要推进利率市场化进程。潘晟（2013）也对发展中国家的利率市场化的路径问题进行了研究，通过研究认为发展中国家进一步推动利率市场化形成机制需要给予市场定价权和培育基础条件等完善竞争市场环境，进而形成由竞争市场决定的合理均衡价格。王剑等（2019）在对利率市场的研究中发现，我国利率市场化改革进程要晚于其他发达经济体，因此通过参与海外经验我国的利率市场化进程将遵循渐进的改革思路，即按照"先外币、后本币；先贷款、后存款；先长期、大额，后短期、小额"的思路推动利率市场化。

（三）利率市场化测度

对利率市场化水平的测度的文献可以分为两类，即间接测度和直接测度。间接测度方面，班迪拉等（Bandiera 等，2000）在对金融自由化指数进行测度时，将利率自由化作为其中的一个方面，使用 0 和 1 对利率市场化改革措施是否改革进行赋值，最后运用主成分因子对各指标确定权重得到利率市场化程度指数。古和梦（Koo 和 Maeng，2005）也将利率自由化指标测度细化为七个方面，七个方面指标在每增加一定程度自由化时相应的加 1，最后采用主成分方法得到金融自由化指数。国内学者的研究中，黄金老（2000）在对利率市场化程度进行赋值时，参考了政策的实施力度，共划分了极低、低、中度、高、极高五个等级，这五个等级分别赋予的权重为 1 到 5。

与之前研究的赋值方式不同，庄晓玖（2007）在对利率市场化程度进行赋值时使用了渐进性的赋值方法，0 和 1 分别表示完全抑制和完全自由，渐进性赋值方式的最小赋值间隔为 0.05。王舒军等（2014）主要选取中观市场和微观银行经营两个层面，分别选取指标构建利率市场化水平的评价体系，其中选取的指标包括货币市场利率和债券市场利率，微观银行经营层面选取的指标包括存贷款利率和理财产品收益率。

直接测度方面，顾海兵和翟敏（2013）从多视角对利率市场化作出测度，即生产者、消费者、政府以及国外部门视角。其研究认为要注意理论与实践、一维与多维、静态与动态相结合。顾海兵和夏梦等（2013）在对我国 1996—2010 年利率市场化程度进行测度时，进行了市场的划分，他们从货币市场、国债及政策性金融债、央行再贴现，以及金融机构存贷款几个角度对利率市场化进行了测定，以 2010 年为基期年，使用专家评估法和专家打分法进行了 0 到 1 范围内的赋值和权重加总。陶雄华等（2013）通过研究认为在对利率市场化进程测度时，实际利率水平、利率决定方式以及利率浮动范围和幅度等都是很好的指标，选取此三个指标并采用简单平均赋值法，合成利率市场化程度指数。将三个层级的指标划分为完全抑制、部分抑制、部分自由、完全自由四个等级，依次赋值 0、1、2、3，最后采用简单平均加总法进行指数合成。测算出了我国 1977—2012 年的利率市场化程度。刘金山等（2014）对比了我国与发达国家的利率市场化进程，从银行间同业拆借利率着手，应用指标赋值法测算了我国的利率市场化水平。

（四）利率市场化应用

陈胜蓝和马慧（2018）以贷款利率市场化改革作为准自然实验，本章研究了贷款利率上限放开与下限放开对公司贷款可获得性的冲击与公司商业信用的关系进行了探讨。研究认为高风险公司在贷款利率上限放开后商业信用减少的更多，而低风险公司变动情况则相反。此外，利率市场化对公司商业信用的影响主要存在于金融发展水平较低的地区、信任程度较高的地区及议价能力较高的公司组中。王博、梁洪和张晓玫（2019）从金融中介理论和金融组织结构的动态演化角度分析了民间借贷的利率市场化路径，研究发现更市场化、更不受市场分割影响的网络借贷在民间借贷的利率形成过程中起到主要作用。吴成颂和王琪（2019）探讨了利率市场化、资产价格波动和银行业系统性风险三者之间的冲击关系，研究发现利率市场化改革会加剧系统性金融风险，并且对资产价格波动具有显著的冲击作用。

整体而言，2015 年我国已经完成了贷存款利率的市场化改革，存贷款利率波动区间基本放开。作为金融市场化改革的重要组成部分，下一步重点则是汇率市场的改革，通过完善人民币汇率形成机制改革、人民币资本项目可兑换等来推动汇率市场化改革。

二、汇率市场化

从汇率弹性大小来划分，当前世界各国所实行的汇率制度可以分为三类：浮动汇率制、中间汇率制和固定汇率制。处于完全浮动和完全固定汇率制度的中间汇率制度全部归类到中间汇率制，其中就包括我国当前的有管理浮动汇率制度在内。目前大部分国际货币基金组织成员国选择的都是中间汇率制，也即是说这些国家对于外汇市场均存在或多或少的政府干预。本节将从汇率制度选择的影响因素、理论以及我国汇率制度选择和汇率市场化三个方面回顾现有文献。

（一）汇率制度选择的影响因素

关于汇率制度的选择问题，勒克斯（Nurkse，1945）是首位较为系统和完整地对此进行分析的学者。他首先对各种汇率制度进行系统的分类，在此基础上深入研究了不同汇率制度之下一国的金融体系、货币政策以及开放经济中宏观冲击传导等问题。随后，百特和斯托克曼（Baxter 和 Stockman，1989）基于 49 个国家数据，实证检验了经济周期波动与汇率制度选择之间的关系。分析结果显示，选择了不同种类汇率制度的国家会体现出不同的经济周期特征，因此汇率制度的差异对于宏观经济变量波动存在显著的影响。

侯赛因、莫迪与罗戈夫（Husain，Mody 和 Rogoff，2005）认为对于发展中国家来说跨国资本流动规模较小，对于其政府来说为了稳定物价，固定汇率制是一个较为合适的选择。但随着一国经济的增长，对外经济交流增多，国际金融风险也会集聚。对于经济发展水平较高的发达国家而言，往往会选择浮动汇率制。戈什（2014）基于样本期为 1999—2011 年的 137 个国家数据，对不同国家汇率制度选择进行了分析。实证结果显示对于新兴市场国家而言，经济发展水平、外汇储备、贸易开放程度以及外债规模都是汇率制度选择的显著影响因素。对于发达国家而言，政府对汇率制度的选择会更多地考虑资本管制和通货膨胀因素。朱孟楠和曹春玉（2019）使用动态随机一般均衡模型的政策模拟实验，基于中美贸易摩擦的背景，对汇率制度的选择进行了讨论，研究认为在中美贸易摩擦会对需求和贸易条件造成冲击的不利情况下，中国需要根据具体经济形势在金融稳定、贸易均衡及实体经济稳定等目标之间作出相应的汇率安排。

（二）汇率制度选择理论

20世纪90年代爆发的金融危机暴露出新兴市场国家汇率制度的脆弱性。虽然学术界对此问题存在诸多争论，但基本统一的共识便是在开放经济条件下，新兴市场国家无论是外汇储备规模还是经济体量均不足以支撑完全钉住的汇率制度。一旦市场汇率与其潜在合理水平差距过大，国际套利资本的流动就会引发金融危机。伴随着学术界对金融危机的深入研究，产生了两极论、原罪论、霸权论以及害怕浮动论等诸多汇率选择理论。

1. 两极论

两极论是由艾恩格林（Eiehengreen，1994、1998）首次提出的。这一理论认为所有的中间汇率制度都是过渡性制度安排，只有自由浮动以及固定汇率制度才能持久地施行下去。他认为除了两极汇率制度，包括爬行钉住、管理浮动以及其他的中间汇率制度已经或者正在消失。因此，汇率制度选择两极论认为所有中间汇率制度安排均会消失，造成所谓的中间制度缺失（The Hollow Middle）。该理论也被称为"中间制度消失论"。费舍尔（Fischer，2001）通过对大量国家汇率制度选择的统计，发现在20世纪90年代存在中间汇率制度安排国家数目下降的现象。他认为"两极论"可以很好地预测新兴市场国家汇率制度的演变趋势。

2. 原罪论

艾格林和豪斯曼（Eichengreen和Hausmann，1999）以及豪斯曼等（Hausmann等，2001）指出对于新兴市场国家来说，其货币并不具备国际地位，无法用于国际借贷。甚至在极端情形下，其货币都无法在国内市场上进行长期借贷。于是，过度依赖国际货币成为这些国家汇率制度选择的

"原罪"。这种金融市场非有效状态直接导致本国企业借贷面临极大的汇率风险。这是因为当面临国际资本流动冲击时，一国政府会陷入两难境地。如果政府放弃钉住汇率，通过货币贬值来缓解冲击，那么会直接导致企业的外币债务成本上升，引发大量企业出现融资困难甚至极端情况下会破产倒闭。如果政府选择提升本币利率的手段来增加国际资本的投机成本，维护固定汇率，那么同样的也会大大增加本国企业融资成本，引发经济危机。因此，由于"原罪"的存在，新兴市场国家无论是维护固定汇率还是选择浮动汇率制度都会对本国经济造成很大的冲击。对于这些国家而言，汇率制度的选择不仅是一个单纯的政策取向问题，更是涉及整体经济结构与制度改革的重要问题。

3. 霸权论

金德伯格（Kindleberge，1970）的研究发现世界经济中霸权国家在实施经济合作进程中发挥主导作用，而最重要的任务之一就是维持世界范围内的稳定汇率制度。"霸权论"认为，大萧条的出现正是因为当时世界范围内缺乏经济主导国，大萧条发生时英国开始衰弱，美国却还没有崛起成为主导性大国。世界经济交流中缺乏一个主导国家稳定整个经济体系的运行。但是，贝纳西·奎雷等（Bénassy-Quéré 等，2001）的研究发现，随着世界经济的发展，当前国际货币体系已经处于霸权体系向平衡两极体系转变之中。

4. 害怕浮动论

卡尔沃和赖因哈特（Calvo 和 Reinhart，2000）最早提出汇率制度选择的"害怕浮动论"。他们的研究指出在新兴市场国家，货币贬值引发经济紧缩，同时这些国家的经济政策缺乏公信力。当这些国家汇率出现较大变动时，往往会引发较大经济波动。因此这些国家不适于选择浮动的汇率制度，部分学者甚至认为实行完全美元化是一个更好的选择。常和韦拉斯科（Chang 和 Velasco，2000）的研究显示：①很多允许汇率浮动的国家并未实现汇率的自由浮动，体现出一种对浮动汇率制度的担忧；②这些国家相对较低的汇率波动水平是稳定汇率政策的直接结果；③这些国家的名义和实际利率具备显著高于自由浮动汇率国家的波动率，说明政府对本国利率同样实行了干预措施；④选择管理浮动汇率制度的国家往往事实上实行了某种软性的钉住制度。因此，全球范围内钉住汇率制并未消失，甚至在部分发达国家中也存在对汇率浮动的担忧。所以，许多声称实行某种意义上浮动汇率制度的国家，其实是采用了可调整的钉住、爬行钉住或者汇率目标区等软性钉住汇率制度。

（三）人民币汇率制度选择与汇率市场化

易纲（2000）研究了固定汇率制、有管理的浮动汇率制以及自由浮动汇率制三者之间的关系，他认为对于发展中国家而言，如果资本账户没有对外开放，则汇率制度不可能实现自由浮动，无论该国宣称实行何种汇率制度，在本质上都是固定汇率制。对于实现资本账户开放的国家，应该尽早实现汇率市场化放开汇率管制。

唐建华（2003）研究了汇率制度选择问题，梳理了现有关于汇率制度选择理论的文献、汇率制度的分类和演变过程，通过比较研究发现学术界对于汇率制度选择的理论还未达成一致，作者同时考察了一国实行不同汇率制度时会对该国的经济增长造成何种影响，得到了没有一种汇率制度是最优的结论，也就是说政府应该在经济发展的不同阶段采取不同的汇率制度。

齐琦部（2004）深入分析了钉住汇率制、浮动汇率制度以及中间汇率制度，通过比较研究发现，汇率制度的选择不能一成不变，应该根据一国当前的经济状况、金融发展程度来改变，最后作者建议中国根据目前的经济环境应该实行有管理的浮动汇率制。

孙华姝（2004）认为一国政府制定宏观经济政策时，将会面临"开放经济两难选择"，而并非"三难选择"，即只要是开放经济体，就会不可避免地失去货币政策独立性，因此一国在制定汇率制度时，不能将货币政策独立性作为参考依据，同时在钉住汇率制与自由汇率制度的选择上应该着眼于长期经济增长状况。

金永军和陈柳钦（2006）通过实证研究发现中国目前实行的钉住篮子货币的汇率制度的篮子货币中，相比较于欧元和日元，美元占据了95%以上的份额，因此本质上中国的汇率制度仍然是"参考美元为主的软钉住的汇率制度（Defacto）"，原因在于我国目前的金融市场发展并不完善；在发展中国家，汇率变动对贸易的影响较大；固定汇率制度具有反通胀的"名义锚"效应。

王曦和朱洁瑜（2008）应用有序 Probit 模型对 77 个国家的汇率制度选

择进行比较研究，总结出了发达国家和发展中国家各自的汇率制度选择的经验规律，其中，发展中国家的汇率制度选择更容易受到金融危机的影响。随后采用了中国的实际数据进行研究发现中国未来在汇率制度的选择上，应该结合国内的实际情况进行相机抉择。

杨雪峰（2008）回顾了中国改革开放30年以来的汇率制度演变进程，在此基础上，基于Probit模型研究了中国的汇率制度选择，其认为我国在经济发展不同阶段采取的汇率制度是政府经过多方权衡后实施的最优政策。此外，人民币汇率市场化之路仍然漫长。

李婧（2009）认为增加人民币需求强度的首要前提就是减小人民币汇率的波动率，这样国内微观经济主体才能有稳定的汇率预期。最后建议中国政府在制定汇率制度时还应该考虑到国际收支以及外汇市场的变化，为人民币双向波动创造条件，最终实现人民币国际化。

梅东州和龚六堂（2011）在伯南克等（Bernanke等，1999）模型的研究基础上分析了在小国开放经济体的汇率制度最优选择，通过研究发现影响这些国家制定汇率制度时存在的各种因素包括金融加速器效应以及持有的外汇资产中美元的占比。最后梅东州和龚六堂认为在新兴市场国家中采取的最优汇率制度应该是有管理的浮动汇率制。

黄梅波和王珊珊（2013）采用了卡尔曼滤波法研究了中国目前实行的钉住一篮子货币的汇率制度，对篮子货币中各种货币所占的比重及变化情况进行了检验，得到结论显示中国目前实行的正逐渐向有管理的浮动汇率制度进行转变。

刘晓辉（2013）回顾了近年来在新政治经济学视角下展开的汇率制度选择的理论和经验研究，分析了社会因素（如选举制度、利益集团等）和汇率制度选取（固定汇率制还是自由浮动汇率制）的关系，结果发现二者之间并没有确定的影响关系，经验证据对各变量的影响也不能给出一致而明确的结论。

范小云、陈雷和祝哲（2015）使用了面板门槛模型研究浮动汇率对货币政策独立性的影响，研究结果发现前者对后者存在门槛效应，即浮动汇率水平在门槛值以下时，二者呈正相关关系；当浮动汇率水平在门槛值以上时，汇率越浮动，货币政策的独立性越弱。作者认为在制定汇率制度时不能忽视货币政策独立性，同时也要兼顾金融市场开放程度，改革进程应该循序渐进。

程慧芳等（2016）采用了包含多个国家面板数据的逻辑（Logistic）计量模型，实证研究发现，如果资本账户开放程度越高，同时在汇率制度安排上，选取自由浮动汇率制，则金融危机爆发的概率越小。最后程慧芳等认为中国目前资本账户不应该完全开放。

丁志杰、严灝和丁玥（2018）从情景和目标两个角度，对改革开放以来人民币汇率市场化改革进行了评价，文章分析认为改革开放40年来基本完成了汇率市场化改革的目标，人民币汇率完成了从记账核算工具转变为宏观经济调节工具而改革的成功在于坚持市场化取向、采取渐进式、积极管理稳定汇率等。未来利率市场化的改革方向，应当是主要由市场决定，政府发挥协调作用。

三、资本账户开放的经济效应

（一）资本账户开放与宏观经济波动

资本账户开放既会影响一国经济增长，也会影响到宏观经济波动水平。李巍和张志超（2008a、b）构建理论模型推导发现资本账户开放会增加经济的不稳定性。并且他们基于57个国家1995—2005年数据的实证检验表明国际直接投资的波动在发展中国家会对经济不稳定性产生更大影响。但是，熊衍飞等（2015）采用更长样本期数据得到了不同的结论。他们以Qinn指数度量资本账户开放度，搜集了44个国家或地区时间跨度为1973—2012年的面板数据，发现资本账户开放能够降低经济合作与发展组织（OECD）国家经济波动，增加新兴市场国家的经济波动。孙俊和于津平（2014）将长期和短期资本流动纳入动态随机一般均衡模型研究我国鼓励国际直接投资流入并限制短期资本流动政策导致的经济波动与社会福利损失。结果表明我国政策存在一定的不足，如果继续长期施行鼓励国际直接投资并限制短期资本流动政策可能会导致宏观经济出现低增长与高波动并存的危险状态。骆祚炎和孙雨（2018）基于金融加速器效应的视角，对资本账户开放程度变动对经济体系的冲击进行了分解，研究发现人民币资本账户开放存在双重门限效应：一是当人民币资本账户开放程度超过某临界点时，信贷、投资、汇率等变量对产出和通胀的冲击效应要显著大于人民币开放程度低于这个临界点时的效应。二是人民币资本账户开放程度自身对产出和通胀的冲击也具有门限效应。

（二）资本账户开放与经济危机

1. 资本账户开放容易引发危机

一国政府当局施行资本账户开放政策容易导致金融、经济危机是资本管制支持者最常使用的论据。其中最著名的学者莫过于斯蒂格利茨（Stiglitz，2000），他认为世界范围内金融和经济危机发生频率的增加与很多国家不断推进其资本和金融市场的自由化存在密切联系。对于发展中国家而言，资本账户开放往往会增加宏观经济不稳定性，引发显著的负面效应，可能会增加一国经济衰退的可能性。因此，国际资本（尤其是短期资本）的自由流动不仅很难给发展中国家带来经济增长，反而很有可能造成宏观经济的不稳定，导致经济危机的爆发。资本账户开放会引发宏观经济不稳定的内在机理主要包括如下几个方面：①发展中国家金融市场往往是非有效的，信息不完全，资本的自由流动会加剧市场非有效状态，造成经济福利损失。②由于资本流动是顺周期的，资本的自由流动会加剧经济的波动。③资本自由流出会对一国经济的规模报酬效应、外部性及其他溢出效应产生负面影响。④鼓励短期资本流入并不会带来投资的增加，对短期资本流入的限制也不会抑制长期资本投资。相反，短期资本自由流动却会给宏观经济带来很大的不稳定性。⑤很多发展中国家施行资本账户开放政策的目的是为了吸引资本流入，但很多时候却出现资本外流。资本流动自由化程度越高资本外流越严重，会削弱一国的经济。⑥开放资本账户会对一国施加更多的政策约束。一方面，资本自由流动下，政府当局需要在稳定汇率和货币政策独立性之间进行权衡；另一方面，为了预防国际资本市场的波动，这些国家必须积累足够数量的外汇储备。

北野（Kitano，2007）在小国开放经济模型中分析了固定汇率制度下资本管制政策会导致货币危机的理论机制。他认为资本管制会增加政府预算约束，同时管制下较高的国内利率水平会增加政府债务成本，进一步恶化政府预算状况，于是就会导致货币危机的发生。另外，即使资本管制能够延缓货币危机的发生，资本管制本身也会扭曲居民消费的跨期替代造成福利损失。

而且，危机爆发被延缓的时间越长，危机发生时货币贬值的幅度很可能会越大。

德华与玉（Devereux 和 Yu，2014）则在一个两国一般均衡框架下发现由于金融一体化会通过提高资产抵押价值和减少预防性储蓄来增加投资者的杠杆比率和冒险行为。资本账户的开放会增加金融危机发生的概率以及危机在国家间的蔓延。但同时，金融一体化会减少危机发生时产出和消费的损失程度，危机发生概率与危机损失程度之间存在一个权衡。净福利则取决于全球风险总体水平。当全球风险水平高时，收益大于成本，借贷双方福利得到提高；当全球风险低时，收益小于成本，投资者福利要比封闭经济情况下差。

吴婷婷、高静和应尚军（2019）研究了资本账户开放与货币危机之间的传导机制，通过实证研究发现法定资本账户开放度和实际资本账户开放度两者和货币危机指数之间都有着倒"U"型的关系，即随着资本账户开放度的上升，一国货币危机爆发的概率"先减后增"。此外，模型的实证结果显示，以实际资本账户开放度为解释变量的模型拟合优度更高。

2. 资本账户开放不会引起经济危机

更多学者持有相反的观点。帕克和萨克斯（Park 和 Sachs，1996）较早提出了资本管制能够延缓固定汇率制崩溃和经济危机的观点。他们认为在资本管制政策会对私营部门的国际资本交易产生限制，外币的兑换在大多数情形下被限制在经常账户往来，经济仅能通过经常项目盈余或赤字来将实际货币余额调整到长期均衡水平。因此，资本管制事实上减缓了经济的调整过程，于是延缓了危机的爆发。

福布斯（Forbes，2004）认为，即使危机在短时期内对宏观经济产生负面影响，但在长期中，资本账户开放程度的提高会促进经济增长，弥补危机造成的短期损失。他比较了韩国、泰国和印度三个国家人均实际国内生产总值在不同政策区制下的增长情况。韩国和泰国在 1990 年左右开始资本账户自由化，同时期印度一直实行严格的资本管制政策。资本账户开放后，韩国和泰国两国的经济增长率显著高于印度。与此同时，韩国和泰国遭受了严重的金融危机之后，经济迅速恢复。宏观经济恢复之后它们的人均收入增长率仍然高于印度。说明，资本账户开放带来的收益是长期性的并且能够很好地弥补危机爆发后短期中严重的经济损失。

爱德华（Edwards，2005）具体研究了资本账户开放与"资本流入突然中断""经常项目反转"之间的关联。他发现资本账户开放程度与这两种外部危机形式发生的概率之间并没有一致的关系，在不同国家存在较大差别。对于工业化国家而言，资本账户开放程度越高，"经常项目反转"发生概率越小。对于亚洲国家而言则相反，二者表现出正向关系。同时，工业化国家资本账户开放程度和"资本流入突然中断"表现出负向关系，在亚洲和东欧国家则表现出正向关系。

格里克与和哈赤森（Glick 和 Hutchison，2005）利用 1975—1997 年 69 个发展中国家在面板数据对资本管制与货币危机发生概率之间的关系进行了实证检验。他们选取各类宏观经济变量、制度特征变量等会影响危机发生可能性的变量作为控制变量。实证结果表明，资本账户开放程度越高，货币危机发生的概率反而越小，而并不是资本账户开放度越高的国家越容易遭受国际货币投机攻击。格里克、郭和哈赤森（Glick，Guo 和 Hutchison，2006）进一步指出，研究资本管制相关政策问题时候要考虑"自我选择"问题。宏观经济失衡、金融体系脆弱、社会不稳定的国家更倾向于选择施行资本管制政策，起到规避艰难的经济改革以及防止资本外流的作用。另一方面，宏观经济良好、金融体系稳健、社会环境稳定的国家则不易遭受危机，并愿意维持资本账户开放，获取资本自由流动带来的收益。他们采用倾向分值匹配法来解决实证估计过程中可能产生的"自我选择"问题。检验结果表明，在控制了"自我选择"效应和其他变量后，资本账户开放程度越高，货币危机发生的概率越小。可能原因是资本管制政策存在信号效应：资本管制会向外界传递出未来政府政策负面效应信号，降低投资者信心，反而引发资本外流；相反，放松资本管制则传递出政府支持投资的政策信号，增强投资者对政府未来会进行更深层次改革的信心。

德赛、弗利和海因斯（Desai，Foley 和 Hines，2006）认为，如果资本管制能够提高一国经济的稳定性，那么在实施资本管制的东道国，跨国公司的收益会由于东道国更稳定的经济环境而具有较小的波动性。但利用美国跨国公司的历史数据进行实证研究的结果表明，在资本管制下，跨国公司的收益具有更小的波动性特点并不显著，意味着资本管制并不具备更好地稳定东道国经济环境的功能。邦菲利（Bonfiglioli，2008）利用多国宏观数据检测发现，虽然资本账户开放会造成银行危机、货币危机等金融危机发生概率的上升（在部分国家是下降），但这种概率上升的幅度很小，并不足以完全抵销资本账户开放带来的收益。总体而言，资本账户开放的净收益显著为正。

亨利（Henry，2007）认为经济危机不仅在资本账户自由化的国家或地区爆发，也同样会发生在实施资本管制政策的国家或地区。已有证据表明经济危机爆发的原因在于不合适的宏观经济政策，而非资本账户自由化。实证分析结果表明一国资本账户开放程度与危机的爆发之间并无特别显著的关联。

辛格和苏拉曼尼亚（Singh和Subramanian，2008）认为当政府政策会造成经济扭曲时，施行恰当的数量型资本管制可以促进经济实现"次优"均衡。他们通过对一个小国开放经济模型的分析指出，资本账户开放条件下政府实行暂时性的稳通胀汇率政策（Exchange Rate Based Inflation Stabilization，ERBS）会扭曲消费品跨期相对价格，造成宏观经济波动并影响经济福利水平。此时，恰当的数量型资本管制政策的加入能够有效降低消费波动并提升福利水平。

爱德华兹和里哥邦（Edwards和Rigobon，2009）则考察了智利资本流入管制对汇率的影响。智利在实施资本流入管制政策的同时，还采用了控制汇率变动幅度的汇率市场干预政策。他们通过估算"影子汇率"的方式，将管制性政策对汇率的影响分离出来，单独检验资本流入管制对汇率波动的影响。实证分析结果显示，对资本流入的管制会降低本国汇率对外部冲击的敏感性，同时也会提高名义汇率的总体波动水平。

江春、张沛和袁庆禄（2019）考虑金融危机之后对资本账户与全要素生产率之间的关系进行了讨论，文章结果表明虽然资本账户开放增加了经济体出现系统性银行危机的概率，进而对一国加总的生产效率造成一定的负面冲击，但是资本账户开放会更多地通过改善国内金融市场上资本的配置效率促进全要素生产率的提升。

郭红玉和杨美超（2019）在金融开放背景下，使用逻辑模型研究了新兴市场国家资本管制对金融危机的影响，研究认为名义资本管制不能有效地降低金融危机发生的风险，只有实际资本管制水平的提升才能有效降低金融危机发生的可能性，而实际资本管制水平的提升则需要政府加强实际资本的管制水平。

（三）资本账户开放的条件

亨利（2007）认为发展中国家对于资本账户开放时点的选择是一个十分关键的问题，需要满足一些基本条件才能够较好地实现资本流动自由化。这些国家推进资本账户自由化除了要考虑其本国经济制度、金融体系发展状况，还需要考虑国际金融规则和世界经济状况对本国政策选择的约束作用。外币计价的短期借贷规模过大往往被认为是引发货币危机的重要原因。而发展中国家在资本账户自由化后，向外国短期借贷规模过大的重要原因之一是当前国际金融体系本身存在的扭曲机制。发展中国家在国际借贷市场进行借贷时，往往国际金融机构会以美元等发达国家货币进行计价。反过来，发达国家的对外债务却往往以本国货币计价。在资本自由流动下，发展中国家企业的资产和债务存在货币错配问题，因为大量的外币计价债务用来购买了本币计价的资产。这种货币错配的长期存在会对发展中国家的金融体系造成威胁。与此同时，以外币计价债务规模过大会让发展中国家的政策当局在汇率波动时面临两难的困境：一方面本国货币升值会不利于出口；另一方面本国货币贬值会增加本国企业外币计价的债务成本。由此可见，资本账户的开放会对发展中国家的经济制度建设和金融体系提出更高的要求，资本流动自由化的推进需要满足制度和金融体系完善的基本条件。

发展中国家的宏观经济领域往往存在非效率的状态，市场规律被行政干预或者政策错配所扭曲，抵御国际金融风险的能力也较低。短期中资本账户开放带来的风险是很有可能大于收益的。因此，发展中国家需要在经济制度、金融体系和政策制定等方面不断完善，努力减少或消除国内经济的非有效状态，这样才会在最大化资本账户开放的收益的同时最小化资本账户开放的成本。成功达成资本账户开放的目标。

斯蒂格利茨（2000）研究发现在发展中国家，短期资本流动带来的负面影响要远远高于发达国家，发展中国家需要加强制度建设，才有可能减少这种负面影响。短期资本自由流动会容易引发经济的不稳定性，乃至出现经济危机。而且对于发展中国家而言，没有很好的经济稳定机制与政策体系，无法很好地吸收外部冲击。例如发展中国家财政政策往往存在顺周期特征，不同于发达国家成熟政策体系所体现出的逆周期稳定机制。因此发展中国家推进资本账户自由化时要充分考虑到自身金融发展程度、经济制度等因素是否具备了应对短期资本频繁流动的能力。在尚未达到基本条件的情况下贸然开放短期资本账户不但不会获得资本流动自由化的收益，反而使自身经济金融体系稳定性降低，更易遭受危机的冲击。

大量的实证研究从不同角度说明了，只有当一国经济制度建设、宏观政策搭配以及金融体系发展达到一定程度之后，资本账户开放的推进才能有助于其经济增长与金融稳定。爱德华（2001）利用基于多国宏观面板数据对资本账户开放度与宏观经济变量进行实证分析。在回归中引入交乘项后，他发现估计结果中资本账户开放系数为负，同时交乘项系数为正，表明只有当一国经济发展到一定程度后资本账户开放才会给这个国家带来正的净收益。达勒姆（Durham，2004）基于80个国家1979—1998年样本期内的宏观面板数据研究了国际直接投资和境外证券投资对本国经济增长的作用。实证结果显示二者均是有条件的对经济增长起到促进作用。只有一国制度建设、金融发展和贸易开放水平达到一定条件，才会产生积极作用。李等（Li等，2004）对17个新兴市场国家的股票市场自由化的研究表明，开放度的提高增加市场有效性。但这种正向促进作用只有在一国的制度质量提高到一定程度的情况下才会体现出来。

钦恩和伊藤（Chinn和Ito，2006）分析了法律及制度因素对资本账户开放效果的约束。他们的实证分析采用了108个国家1980—2000年的宏观面板数据，结果表明只有当法律和经济制度的发展水平高于某特定"阈值"时，一国推进资本账户开放才能促进金融和经济发展。同时，资本账户开放的法律和制度前提条件不仅包括与金融经济相关的特定法律和制度要求，更是从更广泛意义上包括腐败、法律秩序、政府质量等总的法律和制度要求。

克莱因（2005）通过理论模型的推导发现，资本账户自由化对经济增长的作用随着制度质量的变化是非线性变化的。具体而言，资本账户自由化对经济增长的正向促进作用与制度质量的关系是一个"先升后缓降"的关系。在达到某一制度质量水平后继续加强制度建设并不会使得资本账户自由化对经济增长的促进作用进一步加强。在理论模型的基础上，他还进行了实证分析。通过对71个国家1976—1995年宏观面板数据进行回归分析，他验证了这种非线性关系的存在。结论显示所选样本中有 1/4 左右的国家存在资本自由化对经济增长的正向促进作用，这些国家基本上都拥有较好的制度质量，同时也属于中等收入国家。克莱因和奥利弗（Klein 和 Olivei，2008）利用 67 个国家 1976—1995 年的宏观数据研究了资本账户开放、金融深化和经济增长的关系，发现资本账户开放与金融深化、经济增长之间的正向关系集中在经合组织成员国内。对于那些非经合组织国家，正向关系并不显著。这种结构性的差异意味着资本账户自由化能否取得满意的结果与一国政策、制度及宏观经济环境有关。

正如高丝等（Kose 等，2009）指出的，在一个充满行政干预的金融体系、不成熟的经济制度以及不合理的宏观政策搭配条件下，一国贸然推进资本账户自由化会造成资本流入结构不合理，并且国家更容易遭到资本流动突然中断或经常账户反转的危机。资本账户自由化在特定经济环境和条件下会带来收益，但如果条件尚不满足，资本账户自由化也会大幅提高国家所面临的国际金融风险。虽然一国经济状态处于"临界"条件之上时资本账户自由化的风险并不会被完全消除，经济状态尚未接近"临界"条件时资本账户自由化改革也并不一定会失败，但在基本条件尚未满足的情况下，资本账户自由化的改革进程就需要更加谨慎的进行。阿尔法罗等（Alfaro 等，2008）的实证研究分析了 81 个国家 1970—2000 年期间的相关数据，结论显示制度因素对于跨国资本流动产生的影响与作用。他们发现制度质量的提高能够显著地促进资本流入，因此制度质量的提升应当是一国政府推进资本账户开放的必要条件。他们在稳健性分析中进一步细化制度因素，分析了不同种类制度质量对于资本流动的作用。结果显示政府能力、内部冲突、腐败、法律和秩序、官僚质量、投资保护这些制度因素对于改善资本流入状况起到显著作用，而外部冲突、军事政府、宗教政策的影响则不明显。陈和创（Chen 和 Quang，2014）基于 23 个发达国家以及 57 个新兴市场国家的面板数据对一国推进资本账户开放需要满足的临界性条件进行了深入地研究。他们发现，具体而言这些条件包括收入水平、制度质量、金融发展水平以及政府支出水平。同时，不同的资本流动类型（包括外商直接投资、股票投资组合和其他资本流入等）会面临不同的临界条件。

对于目前中国是否已经具备了资本账户加速开放的条件，不同学者的观点存在较大差异。一些学者认为当前应加速推动资本账户开放。中国人民银行调查统计司课题组（2012）认为对比其他国家资本账户开放的经验和基于一系列判断标准的基础上，当前我国资本账户已具备了持续开放的条件。王曦等（2015）研究表明中国资本账户开放的程度远落后于按照国际经验规律测算得到的水平，当前也具备了进一步适度开放的基本条件。杨荣海和李亚波（2017）探讨了资本账户开放在人民币国际化进程中的"货币锚"作用，认为加速资本账户开放有助于推动人民币国际化。也有一些学者认为我国资本账户加速开放的条件尚未成熟。邓敏和蓝发钦（2013）利用门槛模型对中国资本账户开放的条件进行评估，发现在诸多子项目如组合投资流入与国际直接投资流出等项目的开放条件尚未成熟。余永定（2014）强调目前并未出现推动资本账户开放的战略机遇期，并且在当前的国际环境和经济形势下很难给出资本项目放开的时间表。林毅夫（2014）根据新结构经济学理论，认为资本账户开放并不是新兴市场国家高增长的必要因素，而且在权衡资本开放的利弊的基础上来看当前并不应该盲目地推进资本账户开放。程惠芳等（2016）认为在我国当前的金融改革中，应首先进行浮动汇率制改革，保持有限的资本账户开放程度，从而降低货币危机风险。阙澄宇、李金凯、程立燕（2019）构建了汇率制度对全要素生产率的影响方程和资本账户开放对全要素生产率的影响方程采用非线性建模技术 PSTR 模型对汇率市场化与资本账户开放的顺序进行了探讨，研究认为汇率市场化应当与资本账户开放协调推进来实现收益最大化的收益。

（四）资本账户开放的次序

对于金融改革的次序，学术界已经形成了三类主流的观点，包括"激进改革论""渐进改革论"以及"协调推进论"。以桂尔克（Quirk，1994）和古田（Guitian，1997）为代表的"激进改革论"支持者主张以较为激进的方式推进资本账户的开放。他们认为资本账户开放应当与贸易自由化改革同时进行，甚至首先进行资本账户开放。在具体的改革进程中无需对具体资本账户项目开放顺序做过多的考虑，在金融自由化改革的早期或中期就可以开放资本项目。这样激进的改革可以降低改革的成本和财政赤字，快速实现经济的市场化和自由化，使经济自由化的收益能够迅速体现。

大多数学者是主张"渐进式改革"的。这种改革思路指的是遵循"先内后外"或者"先外后内"的特定顺序推进金融改革。麦金农（1984）认为"先内后外"渐进式改革是一种合理的金融改革顺序。萨克斯（2001）则指出汇率制度与资本账户的渐进式改革仅能实现局部均衡，激进式的改革是根本性变革以市场自由化为最终目标，改革完成以后，经济将能够实现一般均衡。斯蒂格利茨（2009）更是将信奉"先内后外"渐进式改革顺序的学者讽刺为中世纪医师，这些医师往往教条地认为治疗无效的原因是病人没有严格地坚持治疗方案。但事实上，卢卡斯在其"卢卡斯批判"中已经明确指出在假定经济变量间存在稳定关系的前提下得到的最优政策，可能随着经济的发展、经济主体预期的改变而不再是最优。因此，教条的遵循某种既定金融改革顺序或策略往往会和不断变化的经济现实相冲突。有必要对金融改革的动态路径进行研究。

在国内经济和金融体系基本成熟的前提下，再逐步地放开政府对于利率、汇率以及资本账户的管制。这种方式有助于维持宏观经济的稳定性，降低改革成本。由于利率、汇率与资本账户开放三个宏观变量之间动态关系极为复杂。资本账户开放条件下资本流动规模与方向的改变会显著影响本国利率和汇率水平。而利率差、汇率差的波动也会影响资本流动规模与方向，进而影响到一国政府资本管制政策以及资本账户的开放程度。张春生和蒋海（2015）指出涉及三者的金融改革进程失误会导致内外经济失衡甚至引发金融危机，而以合理的顺序进行改革则可以发挥协同效应。胡小文和章上峰（2015）基于新开放宏观经济学—动态随机一般均衡模型分析指出我国资本账户开放应采用渐进推进的模式。持有这类观点的学者多数支持"先内后外"的改革顺序，也即是说应当先实现利率市场化、汇率自由化之后再进行资本账户开放（例如王元龙，2013；朱冰倩和潘英丽，2015）。

还有一种观点是"协调推进论"，认为资本账户开放过程中最重要的是与其他改革的配合程度，而不是开放次序。埃奇韦里亚等（Echeverria 等，1997）提出，应将国内金融改革与资本账户开放看作是协调并进的一个整体，资本流动自由化进程应该与利率、汇率市场化改革和国内金融体系的发展阶段相配合完成。盛松成（2012）指出，中国的改革过程应该循序渐进、协调推进，以防止错过资本账户开放的最佳时期。此外，胡逸闻和戴淑庚（2015）通过时变参数向量自回归模型证实了配套金融改革之间的影响关系，认为资本账户开放应统筹到利率、汇率市场化中去。此外，资本账户子项目开放路径的优化也是学者们研究的重点。石井等（Ishii 等，2002）指出，长期资本流动开放应先于短期资本流动，直接投资开放应先于间接投资。同样地，珍妮等（Jeanne 等，2012）和克莱恩（2012）提出，资本账户子项目应按照其期限长短、波动性和风险系数进行评估，从而以合理的顺序进行开放。国内研究普遍认为，我国资本账户子项目开放顺序的一般原则是：先流入后流出、先长期后短期、先直接后间接、先机构后个人、先债权后股权（王元龙，2008；石巧荣和程华强，2012；盛松成，2012）。基于以上开放原则，王曦等（2015）根据 KA 指标设计了资本账户子项目开放的具体顺序。陈创练等（2017）更加支持利率市场化→资本账户开放→汇率市场化的改革顺序。陈中飞、王曦和王伟（2017）则提出我国金融改革路径应当遵循第三种模式：即汇率市场化→利率市场化→资本账户开放。

很多学者对推进资本账户开放过程中细分项目的开放顺序进行了研究。赖森和索托（Reisen 和 Soto，2001）在对一国资本账户开放进行收益成本分析中，将资本账户进一步细分为国际直接投资、股票、债券、银行长期信贷、银行短期信贷五类，发现不同资本账户细分项目实现资本流动自由化后带来的成本和收益各不相同。首先，国际直接投资存在较大的沉没成本，由于投资方无法在短期内迅速撤出，发生资本流入反转的可能性小，即使在金融危机爆发的时候也可能出现国际直接投资项目的净流入，因而开放国际直接投资项目的成本较小。在收益方面，国际直接投资能为东道国的企业带来急需的生产性资本，并能产生溢出效应帮助提高东道国技术水平，带来可观的收益。其次，股票市场自由化往往会伴随着跨境资本流动规模和速度的上升，出现宏观经济波动和资本流入反转的可能性较大。虽然企业股权融资成本的降低，能够更好地满足国内企业融资需求，提高市场定价的有效性，但这种收益可能并不足以弥补产生的成本。最后，相对于股票市场自由化，信贷项目的自由化带来资本流入反转风险可能会更大，引发的相关成本更容易超过收益。

亨利（2007）认为有必要对股票和债务项目开放在资本账户自由化进程中承担的功能进行严格的区分。股票具有风险分担特性，其回报具有顺周期性。而债务并不具有风险分担特性，并且其支付具有反周期性，在经济出现危机时，债权人会尽可能要求收回资金，加剧国际收支波动。如果一国过度依赖国际债务有可能会引发或者恶化金融危机的发生。此外，区分债券和银行信贷也十分必要。国内银行从国际银行间市场上借入大量的短期资金，但是国外贷款者收回贷款或者将贷款展期的决定更多地取决于其国内经济的宏观冲击。当国外贷款者不再愿意提供新的贷款或将贷款展期时，国内银行将面临流动性问题。因此，可能会出现发展中国家在短时期内面临着规模巨大的银行间短期信贷的逆转。发展中国家银行"借短贷长"的特性就有可能造成国内实体经济衰退。但是对于债券来说，在面临冲击时，投资组合价值的变化可以缓冲对国内经济的冲击，而非短期银行信贷所出现的数量上的变动。这意味着，提供给发展中国家的银行信贷总量波动率水平远远高于债券或股票的组合投资。

此外，从一些已有的实证文献来看，不同类型的资本在开放中确实发挥着不同的作用，表现出的净收益存在明显的差异，有选择、循序渐进地开放不同类型的资本账户有可能取得预期的效果。博斯沃思和科林斯（Bosworth 和 Collins，1999）基于 58 个发展中国家的宏观数据研究了外商直接投资、证券组合资本流动、银行借贷资本三者之间的关系，并未发现显著的均衡关系。三者对国内投资的影响具备显著差异，不同类型的资本流动之间是非完全替代的。赖森和索托（2001）则利用 44 个国家 1986—1997 年的宏观面板数据，检验不同类型的资本流动对经济增长的边际影响。实证结论说明，外商直接投资和股票组合投资两个项目的自由化能够显著地促进经济增长和人均收入的提高，而银行借贷项目自由化却只有在银行资本金比例（银行资本金与银行债权之比）足够大时才会获得大于成本的收益。回归结果估计的"阈值"很高，意味着银行借贷自由化要想获取正的净收益需要满足的条件更为严格。哈里森、爱和麦克米兰（Harrison，Love 和 McMillan，2004）利用企业层面的微观数据研究了不同资本流动对企业融资约束的影响，发现外商直接投资资本流动会显著降低企业的融资约束，而股票投资组合和商业银行信贷资本流动对企业融资约束的降低作用就没有外商直接投资那样显著。

不同类型的资本账户因各自不同的特征，其对外开放会具有不同的收益和成本，因而需要区别对待。陈和创（2014）利用多国数据实证检验发现，不同类型的资本账户对外开放获取正的净收益的临界性条件存在差异，外商直接投资和股票投资组合对制度质量、金融发展、政府政策等的要求要低于债务资本流入，这意味着外商直接投资和股票市场自由化可以先于银行信贷自由化实行。

（五）资本账户开放与汇率市场化

从已有文献看，国外学者对于汇率市场化与资本账户开放相关研究主要集中在汇率制度选择与经济福利的关系、放松资本管制的政策效果以及不同汇率制度与资本管制的政策搭配的效果这三个方面。

从汇率政策方面来看，德保利（De Paoli，2009）在完备市场假设基础上构建了小国开放经济模型，根据包含汇率波动的福利损失函数证明了汇率波动与经济福利之间存在密切联系，并且指出小型经济体最优货币政策需要同时针对产出、通货膨胀以及汇率波动作出反应。麦金农与施纳布尔（McKinnon 和 Schnabl，2009）则认为由于货币错配，浮动汇率制对于中国并不合适，而且也无助于降低中国持续贸易顺差。他们主张更加稳定的汇率形成机制比完全浮动汇率制度更适合中国国情，配合扩张的财政政策能够有效促进经济增长并减少贸易顺差。

针对政府的资本管制政策，部分学者认为取消管制政策有利于提升一国生产效率和经济产出（Goldstein 和 Lardy，2006；Song 等，2014）。但是，如果同时考虑汇率与资本管制政策，结论就并非如此简单。辛格和苏拉曼尼亚（2008）在小国开放经济模型框架下分析了短期中汇率稳定和资本管制政策，发现这样一个政策组合有利于抑制经济周期波动，虽然并非最优选择但可让经济实现"次优"均衡。贝尼尼奥等（Benigno 等，2016）认为只有在汇率政策成本较小时，浮动汇率制效率最高，资本管制必要性降低。但当汇率政策面临较大成本时，资本管制和汇率干预的政策组合能够获得更高福利水平。常等（Chang 等，2015）则基于开放经济动态随机一般均衡的框架，探讨了在固定汇率或者浮动汇率制度下，资本管制和冲销政策对宏观经济变量的潜在影响。结论表明，当政府实施浮动汇率制并且取消资本管制时经济福利水平达到最高，但是这一模型没有涉及我国当前所实行的有管理浮动汇率制度，也没有对金融改革推进的路径选择展开分析。赵茜（2018）从外汇市场压力入手，考虑了资本账户开放和汇率市场化改革在外汇市场压力方面的作用，研究发现当前资本账户开放在经济平稳运行时期带来的资金净流入会加大人民币升值压力，但汇率市场化改革则能够减弱这种影响。汇率市场化改革需要和资本账户开放协调推进、相互作用来促进经济健康发展。

然而，部分学者对不同汇率制度下资本管制的效果持有不同观点。北野（2011）在固定汇率制度的假设下，构建了一个适用于小国开放经济的动态随机一般均衡模型，模型通过设定面临运营成本的银行体系吸收外币存款为本国居民及企业提供借贷以及针对外债水平征税这两个渠道引入资本管制的概念。这一研究表明，完全资本流动不一定是最优选择，银行体系低效时资本管制反而能使经济体达到更高的福利水平。但值得注意的是，北野（2011）模型也存在一定不足之处，例如对于银行体系吸收外币存款的假设脱离实际，结论是在固定汇率制度的前提下得到的，稳健性值得商榷。

国内早期文献中对于开放经济条件下政策搭配的研究主要基于"三元悖论"及其扩展形式。易纲和汤弦（2001）对"三元悖论"进行了进一步扩展，使之不仅包括角点解，还包括了中间解。他们首先构造宏观经济目标组合（x，y，z），并将x，y，z定义为 [0，1] 区间上的标准化变量，分别代表货币政策独立、汇率稳定和资本流动性。然后就可以求解得到政策目标体系的中间解为符合条件x+y+z＝2的所有目标组合。根据这个"三元悖论"扩展形式，政策搭配的组合方式不仅可以保持三种政策目标的中间状态，还可以是保持其中一个目标不变，其他两个政策目标相互之间存在权衡。孙华好（2004）认为对资本的管制或者浮动的汇率制度均无法很好地保证货币政策独立性。随后，孙华好（2007）采用误差修正模型和格兰杰因果检验方法研究了固定汇率制度下我国货币政策独立性，发现货币政策独立性较为显著。但其中的原因并非政府实施的资本管制，而应归功于冲销操作。胡再勇（2010）基于2005年我国汇改前后数据研究了货币政策独立性和汇率制度弹性、资本流动性之间的关系。发现汇改以后我国利率（货币数量）政策的独立性增强（减弱），同时资本流动性减弱且汇率制度弹性增加。这一结果表明"三元悖论"在我国部分成立，我国各项政策效果更多体现为具备部分的货币政策独立性、资本流动性以及汇率制度弹性，是"三元悖论"的一种扩展。刘金全、张菀庭和徐宁（2018）对"二元悖论"还是"三元悖论"的问题进行了讨论，研究认为资本账户的开放引起货币政策的产出效应下降，通胀效应上升的过程与汇率制度的改变无关，二元悖论成立。他们认为重点不应放在资本账户和汇率的开放次序上面，而是应当放在经济结构的转型升级和调整方面。

目前，学者们针对我国汇率市场化与资本账户开放的路径选择展开讨论，提出了多种可能的选项。首先，张春生和蒋海（2015）通过对国际经验的总结提出两种模式：①利率市场化→汇率市场化→资本账户开放模式；②利率市场化→资本账户开放→汇率市场化模式。随后，陈创练等（2017）基于时变参数模型对我国利率市场化、汇率市场化及资本账户开放的关系进行了实证研究，他们的结论支持先完成利率市场化，然后在此基础上开放资本账户进而推动汇率市场化的路径选项，从而支持上述模式②。陈中飞、王曦和王伟（2017）则提出我国金融改革路径应当遵循第三种模式：即汇率市场化→利率市场化→资本账户开放。

徐雅婷和刘一楠（2019）通过构建包含房地产抵押海外信贷约束的开放经济动态随机一般均衡模型，研究了房地产抵押、汇率冲击与资本账户开放之间的关系，通过研究发现，对外开放程度变大带来的贬值冲击会降低房地产价格和产出，从而可能会引发金融危机，因此当前为保持房地产市场的健康发展应当审慎地推进资本项目开放，审慎地选择汇率制度，推进汇率市场化改革，避免汇率大幅波动是开放经济下我国经济稳健运行的重要保障。

第三节　资本账户开放、金融稳定与经济增长

一、资本账户开放与经济增长

贸易自由化能够发挥参与国际贸易各国比较优势，促进各国经济增长、增进社会福利水平。但资本账户自由化是否能够起到类似的作用却仍是学术界争论的焦点，尤其是国际金融危机的频繁爆发引发了很多对于资本自由流动的忧虑。关于资本账户开放对经济增长的影响的前期研究根据其研究结论可以分为三类：第一，资本账户开放可以促进经济增长；第二，资本账户开

放对经济增长的影响具有不确定性；第三，资本账户开放不能促进经济增长。

（一）资本账户开放促进经济增长

奎因（1997）认为基于索洛的新古典增长模型，资本账户自由化条件下，资本在世界经济范围内会得到更有效的配置，资本会从资本充裕的、回报率低的发达国家向资本匮乏的、回报率高的发展中国家流动。于是，这些发展中国家获得更低资本成本，促进经济增长。同时，发达国家也获得更高资本收益。他基于58个国家面板数据的实证分析也验证了资本账户自由化对于经济增长的促进作用。克莱因和奥利弗（Klein 和 Olivei，2000）则基于82个国家面板数据发现资本账户开放对人均国内生产总值增长有显著的正向影响。支持资本账户开放会促进经济增长的其他学者还包括斯蒂格利茨（2000）、黄益平和谢沛初（2011）等。郭桂霞和彭艳（2016）使用多门槛面板回归模型分析了全球87个国家1990—2012年数据发现资本账户对经济增长的影响存在门槛效应。此外他们还分析了我国31个省（自治区、直辖市）2002—2013年数据，实证结果表明我国不同地区，资本账户开放对经济增长的影响存在差异，但是整体而言我国还处于资本账户开放红利区间。霍东星、方显仓（2019）采用1982—2016年间的时间序列数据，对经济增长、制度质量和资本账户开放度之间的关系进行实证分析，结果发现，制度质量是资本账户开放促进经济增长的重要渠道，当制度质量得到良好改善时，资本账户开放才能对经济增长起到促进作用。

资本账户开放促进经济增长的微观机制主要包括如下四个方面。

1. 资本管制抑制直接投资

德赛、弗利和海因斯（Desai，Foley 和 Hines，2006）发现资本管制会提高跨国公司在东道国公司借贷成本，并使得跨国公司会更倾向于少报利润以及增加向母公司返还股利的频率，而这些行为会导致跨国公司减少在东道国的投资活动，跨国公司在东道国的投资意愿会减少。这也就意味着资本管制会抑制跨国公司在东道国的直接投资活动。王忠诚等（2018）使用中国2008—2015年上市企业匹配的微观数据，研究了全球金融危机后东道国资本管制对中国企业国际直接投资二元边际的影响及影响机制。研究发现，东道国资本管制放松会降低资本使用成本，方便企业在当地融资，而且这种正向效应主要发生在对外直接投资的扩展边际上。

2. 资本管制抑制中小企业融资约束

哈里森、爱与麦克米兰（2004）的实证研究发现无论企业是否面临资本管制，国际直接投资的流入普遍降低了这些企业的融资约束，并且使得高收入以及低收入国家企业的融资约束都得到降低，其中低收入国家的企业融资约束降低程度更大。米顿（Mitton，2006）发现，当资本管制放松，国外投资者能够投资本国企业股票后，由于高股息率的企业受到融资约束小，主要会提振低股息率的企业股票表现。股票市场自由化会通过降低企业融资约束的途径促进企业发展。福布斯（2007）认为资本管制会增加中小企业融资约束。他的实证结果表明不同时期智利中小企业面临的融资约束存在显著差异：在资本流入管制期间，中小上市企业面临显著的融资约束，但是随着上市企业规模的增大，其面临融资约束程度会减小；在资本流入不存在管制措施的时期，中小企业并没有受到明显的融资约束，而且融资约束程度和企业规模之间也不具有显著关联。罗子媛、靳玉英（2018）利用2000—2013年63个国家（地区）的11621家上市公司的数据，通过构建衡量企业融资约束的SA指数来分析资本账户开放对企业融资约束的影响，发现一国（地区）的资本账户开放度越高越有助于缓解企业融资约束。

3. 资本管制扭曲居民投资

梅尔文（Melvin，2003）研究发现2001年阿根廷严重经济危机期间股票指数几个月内上涨两倍现象的根本原因在于资本管制扭曲了居民投资行为。由于阿根廷政府实行限制资本外流政策以及从银行提取现金，居民开始购买能够以美国存托凭证（ADRs）在美国证券市场交易的特定公司股票，并在美国证券市场售出获得美元。直接导致了本国股市暴涨以及对应美国存托凭证价格的下跌，使得证券市场出现显著的非有效状态。奥古斯特等（Auguste等，2006）随后研究了阿根廷和委内瑞拉两国数据。同样发现了居民通过美国存托凭证途径转移资产，达到规避本国资本管制的目的。在无资本管制时，这些国家股票本币价格与相应的美国存托凭证之间的差价在零附近波动。在资本管制发生后，这一差价相对于零出现显著的背离。

居民通过美国存托凭证途径规避资本管制的行为会直接影响到资本管制政策的效果，增加资本管制的成本。同时，这种规避资本管制的方法本身造成股票对应两种货币价格的持续偏离会导致"无谓损失"，降低资本市场效率。

4. 资本账户开放对政府的"约束效应"

不同政策对于国际投资收益会产生不同影响，资本跨境自由流动条件下，投资者会通过自身的投资行为"奖励"好政策国家，而"惩罚"坏政策国家。因此，在资本账户自由化前提下，各国政府会担忧国际资本市场对本国某些"坏政策"的"惩罚"，会倾向于维持好的政策。这样一来，资本账户的开放事实上提供了一种对于本国政府的"约束效应"。泰特尔和韦（Tytell 和 Wei，2004）通过模型推导发现，当政府采取好政策时，外国资本的投资收益为正；而当政府采取坏政策时，外国资本的投资收益为零。他们还在模型中引入资本流入突然停止的概率，分析发现"约束效应"依然存在。只是随着资本流入突然停止概率上升以及政府实施好政策的成本增大，这样一种"约束效应"会减弱。陈国进等（2018）通过将内生化的政府支出政策以及包含汇率的价格型为主的混合货币政策纳入一个小型开放的动态随机一般均衡模型，认为一方面政府部门应将积极的财政政策执行重点由扩大政府投资支出向结构性减税调整，另一方面要将货币政策逐步向价格型为主的混合货币政策方向靠拢来。

在资本账户自由化下，政府会严格管制自身的财政赤字，最终结果是资本账户开放有利于政府赤字的减少。金（Kim，2003）利用 54 个工业化国家和发展中国家的数据检测到资本跨境自由流动能够显著地降低政府赤字占国内生产总值的比例，并且发现，资本账户自由化对政府赤字的"约束效应"的大小与汇率制度、央行的独立性以及全球资本市场一体化程度相关：固定汇率（或者汇率弹性小）制度下资本账户自由化一般难以维系且容易遭受危机，政府会收紧更易导致危机的赤字政策，因而固定汇率制度下"约束效应"会更强；同样，资本账户自由化情况下央行独立性越弱，赤字政策对危机更加敏感，资本账户自由化的"约束效应"也会越强；全球资本市场一体化程度高的时期（如 20 世纪 90 年代），这种"约束效应"也有更强的表现。福西林和恩妮卡（Furceri 和 Zdzienicka，2012）则利用 31 个经合组织国家 1970—2009 年期间的数据证明资本自由流动对财政政策的"约束效应"，资本账户开放不仅能够显著降低财政赤字，还能降低总的和自由支配的财政支出的波动性，同时会增加公共债务中外债的比重。

资本账户开放对一国货币政策同样具有"约束效应"。在国际资本可自由流动的情况下，国际资产之间的替代性增强，一国央行利用通胀实现提高产出、增加政府收益等目的的有效性会因此减弱，央行会更多地将目标放在稳定通货膨胀上来，结果是在其他条件相同的情况下，资本账户开放的国家倾向于拥有较低的通胀水平。泰特尔和韦（2004）利用22个工业化国家和40个发展中国家的数据，通过线性模型和非线性模型的多种设定，并选取合理的金融一体化的工具变量，有效识别出金融一体化的增强能够显著降低一国的通货膨胀率。司柏阁（Spiegel，2009）利用多国宏观数据，将"金融距离"作为金融开放的工具变量，发现金融开放和通胀之间存在负相关关系，说明资本账户开放对货币政策"约束效应"实际存在的可能性。王玉（2018）利用我国2006年第一季度至2015年第四季度的相关数据，将资本账户开放和融资约束纳入产出和价格方程进行实证检验，研究表明资本账户开放度的提高严重削弱了我国货币政策的产出效应。

（二）资本账户开放对经济增长的影响不确定

格瑞丽和米莉丝—费雷蒂（Grilli 和 Milesi-Ferretti，1995）使用全球61个国家1966—1989年的数据实证分析了资本账户开放对经济增长的影响，实证结果并没有发现资本账户开放对经济有促进作用的证据。

罗德里克（Rodrik，1998）使用全球100个国家1975—1989年的数据分析资本账户开放对经济增长的作用，实证结果并没有发现资本账户开放对经济增长有显著的促进作用。克拉伊（Kraay，1998）同时使用SHARE、Quinn指标度量资本账户开放以避免样本偏误，实证结果表明，无论使用SHARE指标还是Quinn指标，都没有发现资本账户开放可以显著促进经济增长的证据。

资本账户开放可以促进发达国家经济增长，阻碍发展中国家经济增长，如爱德华（2001）的研究表明资本账户开放可以促进发达工业国家和新兴经济体的经济增长，但却会阻碍低收入水平国家的经济增长。阿泰塔等（Arteta等，2001）的研究与爱德华（2001）的研究类似，即资本账户开放并不能促进所有国家的经济增长，资本账户开放对发达国家和新兴市场国家有利，而对发展中国家不利。

亨利（2007）则认为，按照索洛新古典经济增长模型，资本账户自由化是暂时性地促进经济增长，而不是永久性地提高经济增长率，即资本账户自由化对经济增长的作用更多的是水平效应，而非增长效应。

张永升等（2014）将样本区分成发达国家和发展中国家，发现资本账户开放能够降低发达国家的通货膨胀水平，但无论是发达国家还是发展中国家，资本账户开放对经济增长的直接影响都不明显。

（三）资本账户开放不能促进经济增长

如亚历山德里亚和钱（Alessandria 和 Qian，2001）的研究表明，资本项目放开后，通过金融机构的影响，资金流向不受监管，引起社会福利损失；艾迪森等（2002）使用多种指标衡量金融开放程度，均未发现金融开放能够促进经济增长。卡普里奥等（Caprio 等，2006）使用 30 个国家在金融自由化过程中资本账户开放对经济增长的影响，实证结果表明金融自由化会显著增加金融脆弱性，对于发展中国家而言，金融脆弱性可能导致可怕的结果，因此，资本账户开放对于发展中国家而言是不利的。金和李（Kim 和 Lee，2006）通过研究发现，开放资本账户不可避免地会带来巨额的资本流动，资本的快进快出增加了危机发生的概率和规模，从而阻碍经济增长。

（四）资本账户开放政策效果影响因素

资本账户开放对经济增长存在多种可能的作用途径，越来越多的学者开始讨论具体什么因素会影响资本账户开放的综合效果。

有学者认为，资本账户开放政策发挥作用具有时效性。布西耶和弗雷茨彻（Bussière 和 Fratzscher，2008）指出，对于许多亚洲和拉丁美洲国家而言，资本账户开放在短期内能促进经济增长，但在中长期却可能无法保持、甚至有损经济增长。这是因为短期经济增长由投资的爆发和证券资本流入驱动，而长期经济增长则受到国内机构质量、国际直接投资流入和金融自由化顺序影响。荀琴等（2018）研究表明，资本账户开放在短期和长期均显著地促进了经济增长，短期增长效应来源于资本账户开放促进了资本积累，长期增长效应来源于资本账户开放促进了技术进步率。

亦有学者提出，资本账户开放政策的作用具有"门槛效应"，即当门槛变量处于不同区间时，资本账户开放对经济增长的影响具有较大差异。其一是经济发展水平或初始人均收入，一般认为资本账户开放会促进高收入国家的经济增长，但是阻碍低收入国家的经济增长（克莱因和奥利弗，2008；李丽玲和王曦，2016）。其二是国内金融系统质量。唐琳等（2015）认为，中国现阶段资本开放对国内生产总值增长率的影响为负，主要是因为中国金融市场不够成熟，利率汇率传导机制不够健全。其三是开放水平。雷文妮和金莹（2017）认为，随着开放水平由低到高，资本账户开放对经济增长的影响先逐渐增加，后逐渐减小。进一步，有学者同时考虑多个门槛变量，得到不同国家分类更细的子样本，每一类子样本中资本账户开放都对经济增长产生了不同程度的影响（郭桂霞和彭艳，2016）。陈中飞、王曦（2019）采用线性门槛模型，分析了全球 112 个国家和地区在 1970—2004 年间资本账户子项目开放的经验规律，研究发现，资本账户各子项目在初始人均国内生产总值、制度质量上存在显著的门槛效应。

二、资本账户开放与金融稳定

资本账户开放不仅直接促进或阻碍一国经济增长，也会对经济波动产生影响，从而间接影响经济增长（斯蒂格利茨，2000）。在探讨稳定性时，金融体系作为国际资本首先流经的渠道，引起了许多学者的关注。典型的金融不稳定具有两种状态：一种是金融衰退，即各部门交易或服务的数量和价格锐减；另一种是金融膨胀，即金融系统处于过快增长中，虽然各项金融指标向好，但可能因为膨胀过度而引发危机。基于此，学者们探讨了资本账户开放对金融稳定的影响。

资本账户开放可能有利于金融稳定。资本账户开放后，国外先进的管理技术得以外溢，提高了金融市场效率和系统处理能力（庄起善和张广婷，2013）；同时金融市场规模扩大，金融产品日趋丰富，市场参与主体不断增加（鄂志寰，2000），证券投资的风险得以分散，提高了投资收益率（亨利，2000）。彭红枫、朱怡哲（2019）研究发现，资本账户开放对金融稳定状况的影响主要集中在中短期，且在 2011—2012 年间密集出台各项政策后，资本账户开放对金融稳定状况的长期冲击强度显著减弱。

资本账户开放会引发金融不稳定。资本账户开放带来资本流动的不确定性，资本的过度流入诱发泡沫的形成，而资本的恐慌性外逃同样会扭曲一国的经济金融结构（李成和白璐，2013）。在金融体系中，国际资本流动首先冲击外汇市场，由于中国目前仍采取结售汇制度，国际资本流动规模的变化将直接反映在外汇占款和外汇储备的变化上；而国际资本的大量流入形成对本币的升值预期，反之则为贬值预期，从而加剧了本币汇率的波动性（戴淑庚和胡逸闻，2016）。其次，资本账户开放恶化银行体系的脆弱性。外资的大量流入导致银行过度借贷，反之造成贷款收缩，当银行贷款出现膨胀与收缩交替，可能引发影响全局的风险（鄂志寰，2000）。最后，资本账户开放容易对金融市场各资产价格产生冲击，这一方面是因为国内金融市场和国外金融市场的关联性增强（鄂志寰，2000），另一方面则是由国际短期流动资本的逐利性决定（李成和白璐，2013）。肖卫国等（2016）研究发现，对于资本账户开放后带来的资本流动冲击，采取宏观审慎政策可以有效抑制金融风险的作用。有研究表明，资本账户开放对于金融稳定的影响也可能发生变化。例如，汉道维等（Hamdaoui 等，2016）研究发现，当资本监管力度较为薄弱时，发生银行业危机的可能性随着金融自由化而增加，但若监管得当，这种关系就会逆转。

本章小结

现有资本账户相关的理论研究缺少对我国现行有管理浮动汇率制度的刻画，对于汇率制度的设定往往仅限于固定汇率制以及浮动汇率制。基于这样设定的研究结果也只能对不同汇率制度与资本账户开放与否进行简单的对比分析，只能得到政策搭配的角点解。但需要注意的是，世界上大多数国家的汇率制度实际上是介于绝对固定和浮动汇率制之间的。因此，有必要对固定与浮动汇率制度之间的制度安排进行建模，通过对中间状态的详细分析，为汇率改革与资本账户开放推进的路径选择提供坚实理论基础。

同时，前期研究很少从经济福利的角度对不同外汇市场干预及资本管制政策的组合进行考察。这样一来，分析论证就缺乏一个量化的标准。基于静态对比分析或者动态脉冲响应所得到的结论也就难以保证最优状态的存在性以及结论的合理性。

为克服以上问题，本书后续章节的理论研究中，拟将有管理浮动汇率制度及资本管制同时纳入一个包含金融摩擦的开放经济动态随机一般均衡模型，利用经济福利的分析探讨汇率市场化及资本账户开放这两项重大金融市场化改革推进路径的选择。在理论分析基础上，对资本账户开放条件下的金融稳定与经济增长展开实证研究，进一步探究资本账户开放对于宏观经济的综合影响，为相关政策的制定提供理论上的支撑。

第二章 资本账户开放的界定及度量

第一节 资本账户开放的界定

从一国的国际收支平衡表来看，"资本账户"就是指在国际经济交往中，伴随着资本输入和输出活动而相应产生的资产负债的增减项目，这些项目记录各国之间的资本流动，从而可以反映出本国和其他国家金融资产、商品资产的转移，以及以货币表示的债务与债权的相互变动。根据不同的标准，可以对资本账户所反映的交易活动进行不同划分。若根据投资方式来进行划分，可以将资本账户涉及的交易活动简单划分为间接投资、直接投资及其他投资。其中，间接投资主要是指以证券进行投资的方式，即通过购买外国企业债券、股票以及外国政府债券等来进行投资；直接投资则主要是指在外国开办合资企业，或者是以各种方式收购国外企业资产，甚至是在海外设立子公司、分支机构等来进行投资；其他投资就是除了间接投资和直接投资之外的其他投资方式，主要以贷款形式为主。若根据资本账户所涉及交易活动的期限来划分，可以将相应交易活动划分为长期资本和短期资本流动，其中长期资本指期限在一年以上的资本，其流动性相对较弱，而短期资本则指期限在一年及其一年以内的资本，其流动性相对较强。

依据我国国际收支平衡表中资本账户的特点，可以将资本账户划分为短期资本往来和长期资本往来。其中，短期资本往来是指当期交易付款或者是交易期限为一年及以下的交易活动，主要包括延期付款、延期收款、地方部门借款、银行借款等项目。而长期资本往来则是指交易期限在一年以上或者是未规定偿还期限的资本往来，主要包含银行借款、证券投资、直接投资、延期收款、国际组织贷款、外国政府贷款等。

目前，国内外相关研究还并没有对"资本账户开放"形成统一的界定，现有对资本账户开放的界定绝大多数来自国际经济组织和相关人员的研究报告。自20世纪50年代开始，国际货币基金组织每年都会定期发布关于其成员国汇率安排和外汇管制的年度报告。目前，该报告描述了国际货币基金组织共计184个成员国在资本账户项目和经常项目之下，货币当局所实施的所有管制措施，并汇集各个地区和国家实施资本账户项目管制的相关政策信息，是至今为止全球范围内描述国际资本交易政策法规的权威性文件。

在相关条款中，国际货币基金组织明确定义了经常账户开放项目，并且积极推进了经常账户下的货币可兑换，并且得到了绝大多数成员国的认可，但对资本账户开放并未提出正式的强制性要求，仅仅要求其成员国保证债务结算支付和经常项目支付正常的条件下，成员国拥有资本流动的管制自主权。在国际货币基金组织出版的刊物和发布的相关文件中，将资本账户开放表述为：解除资本流动面临的法定限制，放松对国际收支资本和金融项目交易的管制和禁令，包括解除外汇可兑换限制。在2008年全球金融危机以后，国际货币基金组织进一步对成员国的金融与资本账户开放的相关标准进行了细化，其中涉及可开放的信贷工具交易项目总数超过六项。

结合前文的论述可以看出，资本账户开放实际上是一个动态且相对的概念，其内涵和外延能够随时间以及国际经济环境的改变而不断调整。开放资本项目，并不意味着资本流动是完全自由的，政府也不可能完全放任跨境资本的自由兑换和流动。资本账户的开放过程中，也并不排除在具体情况下一国政府对子项目临时增加的管制的情形。以美国为例，在2008年金融危机期间，对海外直接投资征收利率平准税，并实行自愿性限制，从而有效控制了金融危机时期美国贸易逆差的加剧以及巨额资本的外逃。与此同时，很多国家往往在大部分资本项目可兑换的基础上，仍然保留对少数子项目实施的一些限制。即使其资本账户开放程度已经很高的发达国家，例如美国，就保留了部分限制性条款。例如会限制非本国居民购买国外证券、限制外国共同基金在境内出售以及限制本国居民对外直接投资等。

第二节　我国资本账户开放进程与现状

一、我国资本账户开放进程

从 1978 年改革开放开始，我国政府不断推广设立经济特区并利用特殊政策引进外商直接投资，开始持续推进我国的资本账户逐步开放。资本账户的自由化能够促进我国对外国资本的利用，有利于引入外国先进技术与资源，加强我国金融体系建设。但是，由于资本账户开放往往会对开放国的金融体系产生冲击，在条件不成熟或者对改革路径选择错误的时候，极有可能给国家的经济与金融带来巨大的风险和隐患。因此包括中国在内的很多发展中国家政府都是以谨慎和严肃的态度来对待资本账户开放的问题。虽然发达国家大部分在名义上已经实现资本账户开放，但这些国家在实际操作上依然会在一定范围内保留管制措施。

从 1953 年到 1978 年，我国还是一个计划经济国家。整个外汇管理体系是高度集中的。外汇市场以统收统支、以收定支为原则，政府坚持独立自主、自力更生的方针，不对外借债的同时也不接受外国投资。国家政府制定人民币汇率，外汇资金业务则是由中国银行统一管理。但从 1978 年起，中国改革开放进程的深化拉开了汇率改革的序幕。资本账户的开放是汇率制度改革的核心内容，也伴随着汇率改革的进程取得进展。按照中国汇率制度改革的进程的演变，资本账户开放可以分为如下四个阶段（见表 2-1）。

表 2-1　中国资本账户开放进程

第一阶段：1979—1993 年	1979 年，我国开始推进外汇体制改革以及资本账户开放的金融改革。在汇率制度方面，实行外汇留成制度，企业所获得外汇收入需要直接兑换给国家，国家批准一定的外汇流程。同时我国开始通过调整外汇兑换券的发行和管理制度逐渐放开对境内居民的外汇管制。 1993 年 11 月 14 日，党的十四届三中全会通过的《中共中央关于建立社会主义市场经济体制若干问题的决定》，正式提出了"改革外汇管理体制，建立以市场供求为基础的、有管理的浮动汇率制度和统一规范的外汇市场，逐步使人民币成为可兑换货币"。 1979 年 7 月，国务院同意在深圳、珠海、汕头和厦门四个城市设立出口特区，1980 年 5 月，改称为经济特区。通过更加开放和灵活的政策，吸引外国直接投资。

第二阶段：1994—2001 年	1994 年，人民币经常项目实现了有条件可兑换。 1996 年 1 月 8 日，国务院常务会议通过了《中华人民共和国外汇管理条例》，对所有经常性支付和转移项目放开了限制。 1996 年 12 月 1 日，人民币经常项目实现了完全可兑换。 由于亚洲金融危机的影响，在此阶段我国资本账户开放进程实际上是被搁置的。
第三阶段：2002—2005 年	顺应 WTO 要求，在此阶段我国对金融市场进一步改革。通过简化行政性审批提高管理效率，不断完善我国经常项目下外汇兑换与交易的管理。通过不断提高对外贸易便利，继续完善经常账户可兑换，并持续稳步地推进资本账户开放程度，拓展资本流入渠道。 2005 年，我国调整了外债相关的管理制度与措施，同时放松了合格境外机构投资者（QFII）在我国境内投资活动的限制以及保险资金境外投资。
第四阶段：2005 年至今	2006 年，我国推出合格境内机构投资者（QDII）制度，开始允许国内符合要求的投资者利用自有外汇或者购买外汇进行境外证券投资活动。 2011 年 10 月，中国人民银行发布《外商直接投资人民币结算业务管理办法》，扩大人民币在跨境贸易和投资中的使用范围。 2012 年，中国人民银行调查统计司课题组发表了报告《我国加快资本账户开放的条件基本成熟》，标志着我国资本账户开放进入实质推进期。

资料来源：中国人民银行网站、外汇管理局网站及作者整理。

二、我国资本账户开放现状

人民币资本账户开放程度在总体上是不断扩大的，我国外汇管理逐步由"宽进严出"向"双向均衡管理"转变。中国资本项目已经形成了以下四大特征。

（一）多数资本项目子项实现了部分可兑换

根据外汇局的评估，从国际货币基金组织资本项目交易分类标准下 7 大类 40 子项来看，实现可兑换的有 5 项，主要包括直接投资清盘、外国移民向国内的资产转移、居民向非居民提供的金融信贷等，不可兑换的有 4 项，主要包括非居民在境内购买或发行衍生品、居民与非居民间的个人贷款等。

除了上述 9 个子项以外，剩下的 31 个子项都实现了部分可兑换，其中一些项目限制较多，主要包括境外机构到境内资本市场直接融资、个人双向金融投资、双向直接投资汇兑的前置条件等。

表 2-2 基于中国外汇管理局网站信息，将目前我国资本账户各个子项

存在的资本管制情况汇总。

表 2-2　人民币资本项目可兑换现状（2016 年）

项目	子项目			现状评估	备注
一、资本和货币市场	1. 资本市场证券	股票或有参股性质的其他证券	非居民境内买卖	部分可兑换	合格机构投资者
			非居民境内发行	不可兑换	无法律明确允许
			居民境外买卖	部分可兑换	合格机构投资者
			居民境外发行	可兑换	
		债券和其他债务证券	非居民境内买卖	基本可兑换	银行间债券市场对境外机构投资者全面开放
			非居民境内发行	部分可兑换	准入条件与主体限制
			居民境外买卖	部分可兑换	合格机构投资者
			居民境外发行	基本可兑换	登记管理
	2. 货币市场工具		非居民境内买卖	部分可兑换	合格机构投资者
			非居民境内发行	不可兑换	无法律明确允许
			居民境外买卖	部分可兑换	合格机构投资者
			居民境外发行	可兑换	
	3. 集体投资类证券		非居民境内买卖	部分可兑换	合格机构投资者
			非居民境内发行	部分可兑换	内地与香港基金互认
			居民境外买卖	部分可兑换	合格机构投资者
			居民境外发行	部分可兑换	内地与香港基金互认

续表

项目	子项目		现状评估	备注
二、衍生工具和其他工具	4. 衍生工具和其他工具	非居民境内买卖	部分可兑换	可投资产品包括股指期货、特定品种商品期货、外汇衍生品等
		非居民境内发行	不可兑换	无法律明确允许
		居民境外买卖	部分可兑换	合格机构投资者与其他符合监管要求的企业
		居民境外发行	不可兑换	无法律明确允许
三、信贷业务	5. 商业信贷	居民向非居民提供	基本可兑换	余额管理与登记管理
		非居民向居民提供	部分可兑换	中资企业借用外债面临严格的审批条件与约束
	6. 金融信贷	居民向非居民提供	基本可兑换	余额管理与登记管理
		非居民向居民提供	部分可兑换	中资企业借用外债面临严格的审批条件与约束
	7. 担保、保证和备用融资便利	居民向非居民提供	基本可兑换	事后登记管理
		非居民向居民提供	基本可兑换	额度管理
四、直接投资	8. 直接投资	对外直接投资	基本可兑换	行业与部门仍有限制
		对内直接投资	基本可兑换	需经商务部门审批
五、直接投资清盘	9. 直接投资清盘	直接投资清盘	可兑换	

续表

项目	子项目		现状评估	备注
六、不动产交易	10. 不动产交易	居民在境外购买	基本可兑换	与直接投资的要求一致
		非居民在境内购买	部分可兑换	商业存在与自住原则
		非居民在境内出售	可兑换	
七、个人资本交易	11. 个人资本转移	个人贷款 居民向非居民提供	不可兑换	无法律明确允许
		个人贷款 非居民向居民提供	不可兑换	无法律明确允许
		个人礼物、捐赠、遗赠和遗产 居民向非居民提供	部分可兑换	汇兑额度限制
		个人礼物、捐赠、遗赠和遗产 非居民向居民提供	部分可兑换	汇兑额度限制
		国外居民在境外的债务结算 外国移民境外债务的结算		无明确法律规定
		个人资产的转移 移民向国外的转移	部分可兑换	大额财产转移需经审批
		个人资产的转移 移民向国内的转移		无明确法律规定
		博彩和中奖收入的转移 博彩和中奖收入的转移		无明确法律规定

资料来源：外汇管理局网站。

（二）我国总体实行"宽进严出"的资本管理政策

在直接投资方面，长期以来，我国高度重视引进外资，对外资流入不仅不设置障碍，还采取了很多鼓励措施；而"走出去"的渠道一直不够通畅，存在大量的审批和管制。近年来我国居民境外直接投资增速已大于外商来华直接投资，"宽进严出"的局面有所改观，但规模仍相对较小。

（三）目前我国资本项目前置审批较多，且多为数量型管理

我国的外商直接投资以及对外直接投资都在很大程度上能够进行兑换，但自由度并不高。二者均需要在事前经过主管部门进行审查和涉外经济管理部门的批准。对于合格境外机构投资者和合格境内机构投资者，我国相

关管理部门会设定投资总额度，并进一步对单个合格境外机构投资者和合格境内机构投资者的投资额度进行审批。总的来说，我国在这方面实施的是较为严格的前置审批政策以及直接数量控制措施。这样的监管会带来较高的管理成本和效率损失，且损失会大于价格型管理工具（例如税收或无息准备金等）。

（四）个人资本跨境流动渠道狭窄

在个人境外直接投资方面，我国实际上并未开放。居民个人与非居民个人之间相互提供贷款也是禁止的。居民更不能对外开展房地产、证券等投资业务。在中国尚未开放的四类资本项目中，个人项下就占了两项。个人资本跨境流动渠道狭窄，这不仅降低了中国资本账户的可兑换程度，而且不利于优化其资产配置。

第三节　资本账户开放的度量

一、名义开放度指标

（一）二元变量法

二元变量法就是首先对各子项目进行赋值，如果对某一项资金流动实行了管制则赋值为 0，没有管制则赋值为 1；然后通过计算算术平均或者加权平均对各数值进行处理，进而分析总体的管制状态。

国际货币基金组织出版的《汇率安排和汇兑管制年报》，比较详细地描述了各国实行资本账户开放相关政策的实际情况，为二元变量法提供了基本信息。

爱彼斯坦和舒尔（Epstein 和 Schor，1992）最早提出采用《汇率安排和汇兑管制年报》来衡量一国的资本账户开放水平，之后使用这一指标的文献开始陆续出现。科塔雷利和詹尼尼（Cottarelli 和 Giannini，1997）采用二元变量对包含 1966—1995 年国际货币基金组织全部成员国的资本控制的信息进行量化。

根据新版 AERARE 中的细分项目，里岸（Miniane，2004）首先增加"多重汇率安排"项，将"私人资本流动"项省略，简单调整为 13 个子项；然后以二元变量对这 13 个子项目进行赋值并取算术平均，将得出的数值视为当年的开放程度。之后又对 1996 年以后各年份的数值进行逐年逆推，使得指标具有连续性。

使用二元变量法的优势在于提取相关信息容易，计算简单，具有较强的数据客观性，但是这一指标也存在一定的缺陷，比如新旧版本存在差异而引起数据的不连续性。

（二）份额法

份额法的基本原理是在 n 年内，如果一国实行资本管制的时长为 i 年，则可以用 i/n 来衡量该段时间的资本管制程度。份额法体现了一国放松资本约束的总体状况。

份额法由吉利和费雷蒂（Gilli 和 Ferretti，1995）第一次提出，之后罗德里克（Rodrik，1998）、克莱因和奥利弗（1999）等文献开始涉及该方法。基于《汇率安排和汇兑管制年报》的新旧版本存在差异引起数据的不连续性，采用二元变量法对新版《汇率安排和汇兑管制年报》的信息赋值来解决这一问题。

调整的公式为：

$$资本开放度 = \sum_{i}^{n} \frac{p_i}{n} \qquad\qquad （式 2-1）$$

其中，p_i 表示第 i 年的资本开放程度。

（三）强度法

奎因和因克兰（Quinn 和 Inclan，1997）从资本支付和收入两个方面考察《汇率安排和汇兑管制年报》中对各国资本账户的约束情况，用强度方法对资本账户管制的程度进行测量，设立 CAPITAL 指标。如表 2-3 所示。

表 2-3　CAPITAL 指标的赋值

项目内容	赋值
禁止资本交易或者需要上缴交易收入	0.0

项目内容	赋值
在数量或规则上，交易存在限制或限制较高	0.5
在数量或规则上，交易存在较低程度的限制；没有限制但需要征收较高的赋税	1.0
没有限制且赋税较低	1.5
在赋税和规则上，交易没有限制	2.0

另外，国内学者张春宝和石为华（2016）借鉴了 Quinn 指标的管制强度和 K-O 指标的管制占比思想，结合中国情况，构建了更适合中国的资本账户开放衡量程度指标。

强度法对一国资本账户开放的程度进行了细致的测度，然而 Quinn 强度法的指标数据未能及时发布，应用存在较大的限制。

（四）市场法

市场法注重通过金融市场对资本账户开放程度进行测量。马托（Matto，2000）以放开本国金融市场的承诺作为考察对象，针对服务贸易总协定（GATS）中提出的服务提供方式（跨境支付、境外消费、商业存在和自然人流动），对各国的银行和保险市场部门的承诺开放水平加以衡量。计算公式为：

$$L^j = \sum \omega_i r_i^j (i = 1, 2, 3, 4) \qquad （式2-2）$$

其中，L^j 表示该国 j 部门的开放程度；ω_i 表示第 i 种服务提供方式的权重；r_i^j 表示 j 部门第 i 种服务提供方式的承诺开放水平。

基于上述指标的介绍，名义开放度指标的缺陷主要有两点：其一，各国对资本管制的管理方法存在差异，使得名义开放度指标难以辨识；其二，各国采取资本管制的措施如果不能得到有效实施，或者相应政策没有具体落实，那么名义开放度指标就无法准确测度一国的资本账户开放程度。

二、实际开放度指标

实际开放度指标测量的资本账户开放的具体实现程度。现有理论主要从广度和深度两个角度衡量实际开放的程度。实际开放的广度一般用在某个时期内的各种跨国资本流动总额占经济总量的比重来测度，体现一国跨境资金在某个时期的交易规模。实际开放的深度通常采用储蓄率与投资率的关系、国内外利率差异和股市收益率关联度等来衡量，从金融市场开放角度来分析资本账户开放程度。

（一）广度测度

克拉伊（Kraay，1998）搜集国际收支平衡表中的信息，特别是把金融账户中的外国直接投资、有价证券投资和其他投资为重点，将该三项中的资本流入、流出之和与国内生产总值的占比作为资本账户开放程度的测度。计算公式为：

$$资本账户开放度 = \frac{资本流入 + 资本流出}{GDP} \qquad （式2-3）$$

这一方法的优势在于凡是统计国际收支信息的国家都可以通过计算得出本国的资本账户开放指标。但是这种方法也有缺陷：其一，如果在实施资本管制的过程中，没有充分考虑到其他潜在因素，计算结果就不能准确反映资本的短期流动；其二，金融资产和负债的市场价值往往会受到汇率、有价证券价格的影响，计算结果会有差异。考虑到这些缺陷，一些学者重新构建广度测度指标，使用各类国外金融资产和负债的累积值占国内生产总值的比重作为资本账户开放程度的测度，这样可以更好地体现资本账户开放的长期变化趋势。

（二）深度测度

1. 储蓄率与投资率的关联度

费尔德辛和霍里奥卡（Feldsyein 和 Horioka，1980）认为一国不实施资本管制，资产可以在世界范围内实现最优配置，国内储蓄可以向回报率高的国家自由流动；当国内储蓄出现不足时，国外资本也可以自由流动到国内。这就说明在资本自由流动的情况下，一国国内储蓄率和投资率的相关性不存在，反之二者存在较强的相关性。那么一国的实际开放度就可以用储蓄率和投资率的相关性来度量。测算公式为：

$$(I/Y)_i = \alpha + \beta (S/Y)_i \qquad （式2-4）$$

其中，等式左边为 i 国的国内投资与国内产出之比——投资率；$(S/Y)_i$ 为

i 国的国内储蓄与国内产出之比——储蓄率；β 表示资本账户开放程度，数值趋近 1 表示资本管制趋向严格，数值越趋于 0 表示资本管制越不受限制。

2. 国内外利率差异

爱德华和汉（Edwards 和 Khan，1985）以利率平价理论为基础，提出从国内外利率关联度这一视角来测量资本账户开放程度。然而发展中国家一般处于金融抑制的状况，市场出清利率一般不能替代官方利率，使得数据难以获得。蒙蒂尔（Montiel，1991）通过计量模型处理，解决了国内真实利率取值问题，使得爱德华和汉的方法在市场出清利率难以获得的国家也能适用。

3. 股市收益率关联度

贝卡尔特和哈维（Bekaert 和 Harvey，1995）基于股市收益率关联度的视角提出资本账户开放度的衡量。之后贝卡尔特等人（2005）考察两种股票市场，一是一国对境外投资者开放的股票市场；二是发达国家如美国、日本、英国、德国等的股票市场，以股票收益率的关联度来作为该国的资本账户开放程度。

4. 其他实际测度指标

莱恩和米利斯—费雷蒂使用一年期投资组合与直接投资资产、负债之和占国内生产总值的比重作为资本账户开放的衡量指标。国内学者王国松、曹燕飞（2012）通过将实际年收益率纳入海恩斯和赫尔穆特的资本账户开放度评测模型中，利用该修正模型计算了我国从 1982—2010 年间的资本账户开放度，发现处于近半开放状态。

三、名义与实际综合开放度指标

部分学者将名义测度和实际测度相结合，构造混合测度法衡量资本账户开放程度。如德雷尔（Dreher，2006）构建的经济一体指数，对实际资本流动和政策法规限制状况指标分别赋予了 50% 的权重。

四、名义与实际开放度指标对比

（一）名义指标具有前瞻性

名义开放度指标是政府施加管制以及主观意愿的体现，是对一国政府发布的法律、法规及其他规范性法律文件的量化测度。

法律法规的发布具有明显的前瞻性，使得市场主体的反应相对滞后。因此名义开放度本质上是一种事前指标。

（二）实际开放指标具备实时性

实际开放指标是以资本流动规模占经济总量的比重、利率关联度、股市收益率关联度等视为资本账户开放程度的衡量，具有一定的客观性，是政府实施管制、经济发展状况以及经济个体行为的综合体现，具有较好的实时性。

第四节　代表性资本账户开放指标

一、Chinn-Ito 的资本账户开放指标

Chinn-Ito 指数即 KAOPEN 指标是一国资本账户开放程度的名义衡量，其数值越大表明开放程度越高。Chinn-Ito 分析了资本项目开放对金融发展的影响，构建了 108 个国家 1980—2000 年的资本项目开放指标。该指标利用《汇兑安排和汇兑限制年度报告》中跨境资本交易的管制信息，还额外利用多重汇率、经常项目交易管制、出口收入上缴的管制来构建 KAOPEN 指数。该指数使用了五年平均的方法，再对多重汇率、经常项目交易管制、出口收入上缴的管制和资本项目管制指数组成的向量进行主成分分析，将第一主成分作为衡量资本项目开放程度的 KAOPEN 指数。通过加入可能对资本流动产生影响的其他因素，不仅能够反映资本管制的强度，而且也能够反映资本管制的广度。其中，主成分具体计算方式如下：

$$SHAREk_{3,\,t} = \left(\frac{k_{3,\,t} + k_{3,\,t-1} + k_{3,\,t-2} + k_{3,\,t-3} + k_{3,\,t-4}}{5} \right) \qquad （式2-5）$$

二、陈和钱资本账户开放指标

随着国内和全球经济变得更加复杂，中国的资本控制似乎越来越趋于系统化和以个人交易为导向。陈和钱（Chen 和 Qian，2016）构建了一个资本

控制指数数据集，该数据集涵盖了 1999—2012 年中国资本管制变化的月度数据。该指标主要依赖国际货币基金组织领域的信息，将这些数据与中国政府指令和报告、主要新闻来源以及有关中国资本管制的学术论文等其他来源的信息进行补充和交叉核对。

在细分资本账户子项目时，分类方法与国际货币基金组织和经合组织公布的国际收支平衡表（BOP5）中关于资产和负债类别的标准略有不同。子类别包括有价证券（股票）投资、债务证券（债券）投资、商业信贷、金融信贷、金融衍生工具等。此外，数据库编制了资本控制数据，包括资本流动总额、资本流入和资本流出，以及居民和非居民交易。具体细分项目如下：

eq：自然人持有的股票类证券；

eq_{plbn}：由非本国居民购买的本地的股票；

eq_{silbn}：由非本国居民出售或发行的本地的股票；

eq_{pabr}：本国居民在国外购买的股票；

eq_{siabr}：本国居民在国外出售或发行的股票；

bo：债券或其他债务证券；

bo_{plbn}：由非本国居民购买的本地的债券；

bo_{silbn}：由非本国居民出售或发行的本地的债券；

bo_{pabr}：本国居民在国外购买的债券；

bo_{siabr}：本国居民在国外出售或发行的债券；

mm：货币市场工具；

mm_{plbn}：由非居民在本地购买的市场工具；

mm_{silbn}：由非居民在本地出售或发行的市场工具；

mm_{pabr}：由居民在国外购买的市场工具；

mm_{siabr}：由居民在国外出售或发行的市场工具；

cc：商业信贷（贸易信贷）；

cco：由本国居民向非居民提供的商业信贷；

cci：由非居民向本国居民提供的商业信贷；

fc：金融信贷（主要是银行贷款）；

fco：由居民向非居民提供的金融信贷；

　　fci：由非居民向本国居民提供的金融信贷；

　　di：直接投资管制；

　　dio：对外直接投资管制；

　　dii：对内直接投资管制；

　　ldi：直接投资流动性管制；

　　im：进口和进口支付；

　　ex：出口和出口收益。

作者通过对适当的资本子项目进行加权平均，来编制一个复合指数。以对"股票或其他参与性证券（股票投资）"进行总体管控为例，以下五个公式描述了如何计算总股本流量（流入加流出）、流入、流出、非居民和居民股本资本投资控制的总指数：

$$eq = \left[eq_{plbn} + eq_{silbn} + eq_{pabr} + eq_{siabr} \right]/4 \qquad\qquad （式2\text{-}6）$$

$$eqi = \left[eq_{plbn} + eq_{siabr} \right]/2 \qquad\qquad （式2\text{-}7）$$

$$eqo = \left[eq_{silbn} + eq_{pabr} \right]/2 \qquad\qquad （式2\text{-}8）$$

$$eq_{nr} = \left[eq_{plbn} + eq_{silbn} \right]/2 \qquad\qquad （式2\text{-}9）$$

$$eq_r = \left[eq_{pabr} + eq_{siabr} \right]/2 \qquad\qquad （式2\text{-}10）$$

三、费尔南德斯等资本账户开放指标

费尔南德斯等（Fernández 等，2016）提出并描述了1995—2013年期间100个国家10类资产流入和流出的资本控制限制的新数据集。基于马丁·辛德勒（Martin Schindler，2009）首次提出的数据，以及基于国际货币基金组织的其他数据集。该数据集包括更多的资产类别、更多的国家，更长的时间。讨论的方式是将区域中的信息转化为一个可用的数据集。按照0、0.5、1的赋值标准，以1/20为权重，对10个项目按资本流入和资本流出分别计算并同权重加总。根据《汇兑安排和汇兑限制年度报告》中关于这些子项目管制的描述来对管制程度进行赋值，具体项目如下：

　　1. 货币市场工具，除存单、汇票等短期工具外，还包括初始期限为一年或一年以下的证券；

　　2. 初始期限在一年以上的债券或者其他债务证券；

　　3. 参与性质的股票、股份或其他证券，但不包括为取得持久经济利益而进行的被称为外国直接投资的投资；

4. 共同基金、投资信托等集体投资证券；

5. 居民（包括银行）给予非居民的金融信贷和商业信贷以外的信贷；

6. 衍生品，包括权利、认股权证、金融期权和期货的操作，其他金融债权的二级市场操作，债券和其他债务证券的互换，以及没有任何其他交易基础的外汇；

7. 与国际贸易交易或提供国际服务直接有关的业务的商业信贷；

8. 居民向非居民提供的担保、保证和金融支持，或者居民向非居民提供的担保、保证和金融支持，包括为支付或者履行合同而质押的证券，如认股权证、履约债券、备用信用证以及为独立金融业务提供担保的信贷支持；

9. 房地产交易是指取得与直接投资无关的房地产的交易，例如，纯财务性质的房地产投资或取得供个人使用的房地产；

10. 居民为在国外和在国内建立持久经济关系而进行交易的直接投资账户。

因此，资本控制流入的汇总指标为：

$$KC_{i, t}^{INFLOW} = \frac{1}{10}\sum_{j=1}^{10} XX_{i, j, t}^{INFLOW} \qquad\qquad (式2-11)$$

资本控制流出的汇总指标为：

$$KC_{i, t}^{OUTFLOW} = \frac{1}{10}\sum_{j=1}^{10} XX_{i, j, t}^{OUTFLOW} \qquad\qquad (式2-12)$$

四、莱恩和米勒西费雷蒂指标

莱恩和米勒西费雷蒂（Lane 和 Milesi-Ferretti，2007）所构建的 TOTAL 指数是对一国资本账户开放程度的实际度量，是指一国所持有的国际投资头寸和国内生产总值的比值。其中，一国所持有的国际投资头寸包括外国直接投资、证券投资的资产和负债总量等。TOTAL 指数涵盖了 1990—2004 年期间的 145 个国家，能够较为直接地反映一国资本账户开放程度。

这种测算指标的劣势主要集中于国际投资活动除了受资本账户管制的影响外，还受其他因素的影响，如政策或环境变化、数据波动、价值调整等，可能会导致该指标短期内反应不灵敏。

五、中国资本账户项目开放情况

学术界将资本账户开放程度指标分为两类：法理指标（dejure）和事实指标（defacto）。前述四大代表性资本账户开放指标中莱恩和米勒西费雷蒂指标属于事实指标，其余三个为法理指标。

Chinn-Ito 指数对经常项目、资本项目和多重汇率等方面的管制进行主成分分析，并将第一主成分作为该指数的度量，反映了资本管制的广度和深度，是应用最为广泛的资本账户开放指标。费尔南德斯等指标建立了 100 个国家 10 类资本账户子项目流入和流出的开放程度数据集，依据《汇率安排和汇兑管制年报》对各子项目的资本管制情况进行赋值，是目前对于资本账户子项目开放度量最为细致和深入的资本账户开放指标。

下面我们基于这两个指标，分析中国资本账户整体以及子项目开放情况。

（一）中国 Chinn-Ito 指数

由图 2-1 可知，中国 Chinn-Ito 指数在这段时间保持不变，说明我国采取的资本管制政策没有变动。

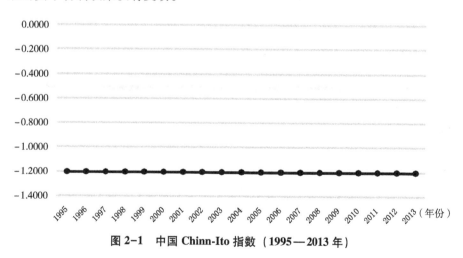

图 2-1 中国 Chinn-Ito 指数（1995—2013 年）

（二）中国费尔南德斯等指数

由图 2-2 可知，中国资本管制的总体水平在 1996—2001 年出现较大波动，在以后十几年内保持不变。其中，在资本流入方面，我国在 1996 —

2001 年对流入管制呈现"先放松后加强"的趋势；而在资本流出方面，其变动趋势与流入相似，但波动剧烈。

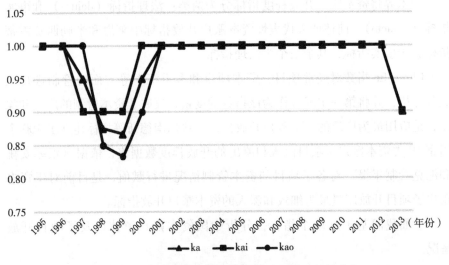

图 2-2　中国费尔南德斯等指数（1995—2013 年）

1. 股票市场

我国在 1995—2013 年间对股票类证券的管制政策保持不变（见图 2-3）。

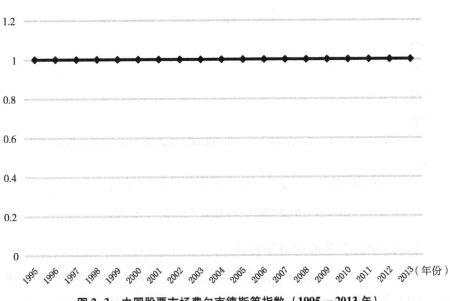

图 2-3　中国股票市场费尔南德斯等指数（1995—2013 年）

2. 债券市场

我国对债务类证券的管制在 1995—1999 年出现较大波动，在以后十几年内一直处于严格管制的状态。特别是在流出方面，管制程度在 1997 年突然加强；而流入变动波幅较小（见图 2-4）。

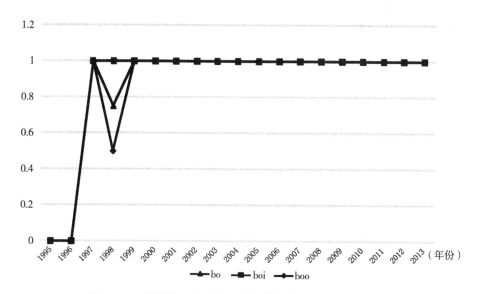

图 2-4　中国债券市场费尔南德斯等指数（1995—2013 年）

3. 货币市场

我国对货币市场的管制在 1997—1999 年出现较大波动，在以后十几年内保持不变。对流出的管制呈现"先放松后加强"趋势，且其波幅大于流入波幅（见图 2-5）。

4. 商业信贷

我国对这一项目的管制分别在 1998—2000 年和 2012—2013 年间出现较大变动。在 2013 年，对这一项目的管制取消。另外，在 1999 年对流出的管制取消，但只维持一年；对流入的管制变动不大（见图 2-6）。

5. 金融信贷

我国对这一项目的管制在 1998—2001 年间出现较大变动，之后保持不变。其中，流出波幅大于流入波幅，且在 1999—2000 年取消管制（见图 2-7）。

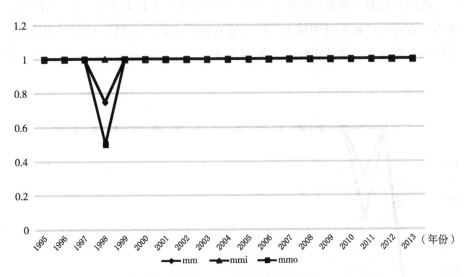

图 2-5 中国货币市场费尔南德斯等指数（1995—2013 年）

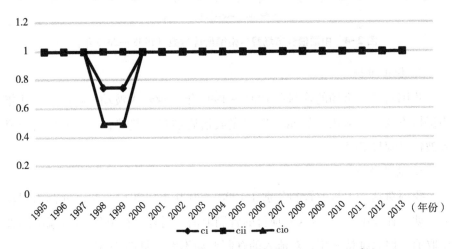

图 2-6 中国商业信贷费尔南德斯等指数（1995—2013 年）

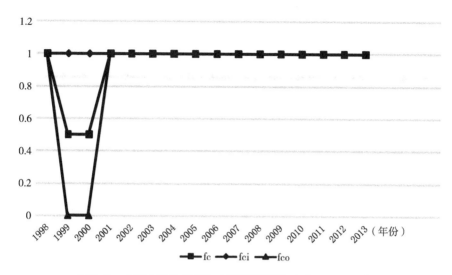

图 2-7　中国金融信贷费尔南德斯等指数（1995—2013 年）

6. 金融衍生品

我国对金融衍生品市场这一项目始终采取严格管制且政策不变（见图 2-8）。

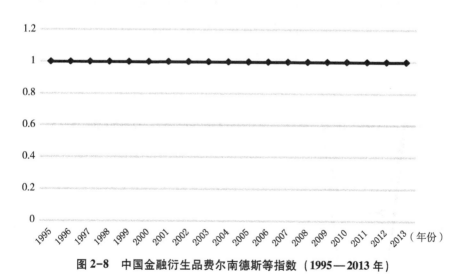

图 2-8　中国金融衍生品费尔南德斯等指数（1995—2013 年）

7. 直接投资

我国对这一项目始终采取严格管制且政策不变（见图 2-9）。

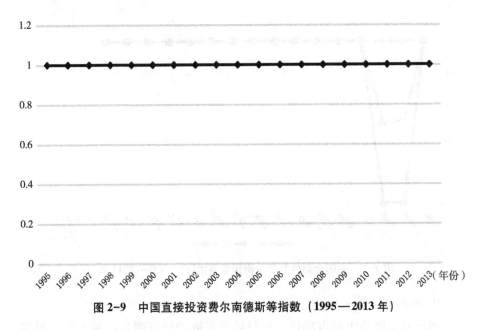

图 2-9　中国直接投资费尔南德斯等指数（1995—2013 年）

8. 担保

我国对这一项目的管制在 1996—2000 年间出现较大变动，在之后保持不变。其中，流入管制变动较大，且在 1997—1999 年间管制政策取消；流出管制政策保持不变（见图 2-10）。

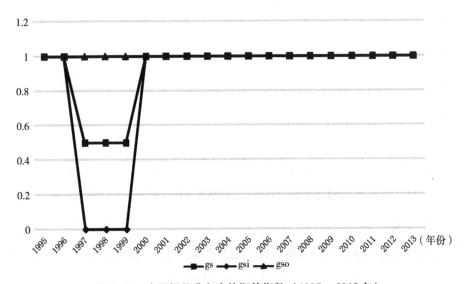

图 2-10　中国担保费尔南德斯等指数（1995—2013 年）

9. 直接投资清算

我国对这一项目的管制呈"S"型，在 1995—1999 年期间没有管制，但在 1999 年之后逐渐加强对这一项目的管制（见图 2-11）。

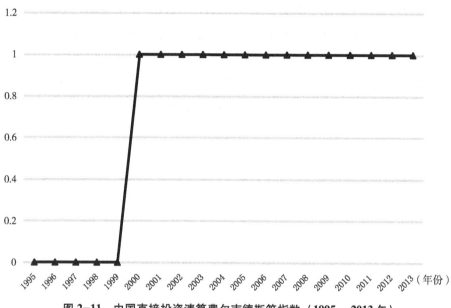

图 2-11　中国直接投资清算费尔南德斯等指数（1995—2013 年）

10. 房地产市场

我国对这一项目始终采取严格管制且政策不变。

本章小结

通过对我国汇率改革及资本账户开放进程的总结可以发现，一直以来我国政府当局都在坚定不移地推进汇率市场的自由化及资本账户的开放。虽然金融改革的进程中也出现过反复和挫折，但是深化金融改革的努力从未停歇。

相关的国际经验能够为我国金融改革提供前车之鉴，无论是拉美的激进式一步到位改革方式的失败还是日本教条式"先内后外"改革的失败，均值得我们警醒。美国"先外后内"的金融改革虽然获得成功，但这样的成功和美国在国际经济中的强势地位是分不开的。同样遵循"先外后内"改革方式的英国，却并未顺利完成，相反还爆发经济危机。这些国际经验表明，各国有自身所处的国际经济环境以及独特的宏观经济特征。当一国不顾这些差异而教条地遵循某种金融改革理论时，往往会走上失败的道路。

总体而言，相对于发达国家我国存在对资本账户较多的管制。但是伴随着我国持续推进资本账户开放，部分子项目呈现出管制放松的趋势。有必要对资本账户开放后给金融体系、宏观经济以及福利水平造成的影响展开深入分析，为我国金融改革进一步深化和推进提供理论支撑与政策建议。

第三章　资本账户开放：影响因素与国际经验*

在人民币国际化进程中，资本账户开放始终是一个重要议题。资本账户开放有助于促进国内经济增长，实现国际风险分担。1971 年以来，发达国家纷纷开放资本账户，并取得了切实的收益。国际货币基金组织曾积极鼓励过世界各经济体开放资本账户，然而，很多发展中国家在开放资本账户之后，出现了大幅度的金融波动，甚至引发了严重的金融危机。2011 年 4 月，国际货币基金组织在报告中提出，对资本账户开放的支持应采取审慎的立场，各国应结合自身国情，在必要的时候进行资本管制，从而应对大规模资本流入的危机。

中国政府对于资本项目开放的态度是相对谨慎的，在 1996 年基本实现经常项目下人民币可兑换后，政府开始有计划、逐步地推动人民币资本账户的开放。目前，我国资本与金融项目开放的程度依然比较有限：按照国际货币基金组织的分类，在资本账户 7 大类 40 个子项中，中国基本可兑换 14 项，部分可兑换 22 项，不可兑换仅有 4 项，但这些管制集中于私人外汇汇兑、国际资本投资和资本市场交易等核心领域；国内外学者对于中国资本账户开放水平的测算结果也表明中国的资本账户仍然受到较多管制，开放程度仍然较低（辛德勒，2009；倪权生和潘英丽，2009；王国松和曹燕飞，2012；费尔南德斯等，2016；杨荣海和李亚波，2017）。目前，国内一些学者认为我国加速资本账户开放的时机基本成熟（中国人民银行调查统计司课题组，2012；王曦等，2015），也有观点认为当前改革的时机和条件尚未成熟（余永定，2014；林毅夫，2014；程惠芳等，2016）。在这种背景下，研究资本账户开放程度的影响因素很有必要。通过结合国际经验和中国的发展状况，从宏观经济层面和社会环境层面分析影响资本账户开放程度的因素，对

---

* 本章部分内容已发表于《武汉大学学报（哲学社会科学版）》2018 年第 10 期。

于评估我国当前是否具备了进一步推动资本账户开放的条件，确定不同阶段资本账户开放的适当水平，并合理安排资本账户开放的路径具有重要意义。

从现有研究来看，尽管学者们对资本账户开放进行了深入的研究，但对于资本账户开放程度的影响因素，学者们大多从宏观经济因素和社会环境因素中的一个角度出发，鲜有学者将两方面的影响相结合并加以区别，全面地分析资本账户开放程度的影响因素。鉴于此，本章将综合考虑宏观经济和社会环境两个层面来展开分析，并在此基础上，通过运用二十国集团的面板数据来分析资本账户开放程度的影响因素，探究资本账户改革的普遍规律，以此为中国政府合理有序地推进资本账户开放提供理论依据和决策参考。

第一节　变量说明与模型设定

一、变量选择和数据说明

已有研究通常将影响资本账户开放程度的因素分为宏观经济因素和社会环境因素两大类，具体包括以下方面：

（一）宏观经济结构因素

1. 经济规模变动

当一国的国内生产总值出现较大波动时，当局政府势必会加强对于包括资本项目等在内的一系列经济活动的管制，以防止经济波动继续蔓延下去。因此，一国国内生产总值的波动加剧可能会加强政府对于资本账户的管制程度，从而对资本项目自由度产生负向影响。

2. 经济发展程度

经济发展程度的提高可以加强一国对于境外资本流入的吸引力，确保其具有较为稳定的收益。同时，经济发展程度的提高，有助于提升一国法律规范程度和监管有效程度，从而有效降低资本账户开放的风险，保障资本项目自由化的安全性和稳定性。

3. 国际收支与储备

国际储备作为一国弥补收支赤字、维持汇率稳定以及应对其他紧急支付的流动资产，对于一国资本账户的开放也有着重要的作用。传统观点认为，一国持有的外汇储备越多，其应对资本冲击、维护经济稳定的能力就越强，因此，国际储备的充足程度对于资本账户开放具有促进作用。然而，在资本管制较为严格的国家或者地区，资本管制使得外币资产不能自由流出，导致其沉淀形成巨额的外汇储备，在这种情况下，国际储备对资本账户开放的促进作用不再成立。因此，国际储备状况对于一国资本账户开放的影响方向并不确定。

4. 通货膨胀状况

高通货膨胀率会使一国货币贬值，对经济发展具有不利影响，会降低一国对于国际资本流入的吸引力，同时促使国内资本加速外逃。较为严重的通货膨胀会严重冲击国民经济，加剧经济动荡，使得政府加强对于资本项目的管制。总体而言，较低并且稳定的通货膨胀率是一国减少资本项目管制、推动资本账户逐步开放的重要条件。

5. 贸易开放程度

一些学者通过格兰杰因果检验发现经常项目和资本项目的开放是密切相关的，如列维耶亚提和斯特雷辛格（Levy-Yeyati 和 Sturzenegger，1998）的研究表明，资本项目和经常项目之间存在相互促进的作用。但进一步的研究表明，二者之间可能并非简单的线性关系，邓敏和蓝发钦（2013）发现贸易开放度对资本项目自由化的推动作用存在阈值，贸易过度开放会对资本项目开放带来部分冲击和阻碍。因此，本章将同时引入贸易开放度的一次项和二次项，以捕捉可能存在的倒 U 型关系。

6. 汇率制度弹性

根据传统"三元悖论"理论，一国不能同时实现固定汇率制度、货币政策独立性以及资本项目自由流动这三个目标，只能选择其中两个目标而放弃第三个目标。同时，汇率水平的相对稳定是一国减少资本账户管制的重要条件之一。然而，众多学者指出，现实世界中并没有任何国家实施完全的固定汇率制度、资本项目的绝对自由流动或绝对独立的货币政策。综合以上因素考虑，汇率制度的弹性对资本账户的开放程度的影响尚不确定。

7. 金融市场发展程度

一国实施资本项目管制的重要原因之一是减少国际投机资本对本国金融市场的冲击，防范由于资本冲击导致的金融危机，因此，一国金融市场的发展程度也是影响资本项目开放的重要因素。国内金融市场的发展有利于提升一国应对资本冲击的能力，避免出现系统性风险。因此，金融市场发展程度的提高对于资本账户开放具有正向的促进作用。

8. 经济冲击

一国在经济出现较大的波动和冲击，尤其是源于外部因素的冲击时，会加强对于资本项目的管制。因此，一国受经济冲击的影响越大，其面临的货币冲击也就越大，一国的资本账户开放度越倾向于收紧。同时，在出现全球性金融危机冲击时，其他因素对于资本项目开放的影响可能会发生明显变化，为提高模型的稳健性应加入代表经济冲击的虚拟变量。此外，一国应对经济冲击的弹性会对经济冲击的后果产生影响。弹性越大，外部经济冲击对一国经济的影响越严重，相应的资本管制政策将会越严厉。由于一国应对经济冲击的弹性指标难以量化，本章无法对该现象进行检验，有待日后学者加以验证。

（二）社会稳定状况

一国的稳定程度作为其经济运行的基础，对于资本项目自由化进程也有明显的影响。若国内不同地区之间存在严重的冲突、暴力事件频发，或者与周边国家存在战争冲突，其资本项目乃至其整体国民经济的发展都会受到影响。一国的社会稳定是其初步推动资本项目开放的重要因素。

（三）数据说明

关于资本账户开放程度的测度方法，学者们使用最多的是政策法规名义测度法和经济指标事实测度法，前者是指根据各国对于资本账户交易所出台的法定管制措施来确定一国的资本账户开放程度；后者是通过选取一系列与资本流动相关的经济指标来构建经济模型进行定量测度。这两种方法之间存在一定的联系并且各有优劣，为了保证结果的准确性，本章将同时使用上述两种方法进行度量。其中，名义测度选取凯驰与斯坦伯格（Karcher 和 Steinberg，2013）提出的 CKAOPEN 指数，事实指标测度选取莱恩和米勒西费雷蒂（Lane 和 Milesi-Ferretti，2007）提出的总量法，即通过利用国外总资产与国外总负债之和/国内生产总值的比值来测度一国的资本项目的开放程度。

根据上述对资本账户开放程度影响因素的理论分析，本章选取的变量和

数据来源见表 3－1。其中，金融市场的发展程度是根据瑞泽卡
（Svirydzenka，2016）构造的金融发展指数数据库，利用多个指标进行加权
平均构造出的综合衡量指标；汇率制度弹性是综合国际货币基金组织公布的
《年度管制报告》分类法和莱因哈特与罗格夫（Reinhart 和 Rogoff，2004）
提出的 RR 分类法对各国汇率制度弹性进行评估；重大政治暴力事件
（Major Episodes of Political Violence，MEPV）数据库中的指标 ACTOTAL，该
指标依据一国国内社会矛盾程度、一国不同地区之间的冲突与暴力事件以及
与其他国家的战争等评估一国的稳定程度。

　　本章实证分析的样本是二十国集团的相关数据，既包括传统的经合组织
国家，也包括和中国经济发展状况相近的新兴发展中国家，样本期为
1980—2014 年。由于俄罗斯在样本期间内多个变量数据的缺失，因此最终
选择除俄罗斯和欧盟外的 18 个国家作为研究样本。

表 3-1　变量说明和数据来源

	变量名	变量符号	变量说明	数据来源
被解释变量	名义测度	*De_ jure*	数值越高，开放程度越高	凯驰和斯坦伯格（2013）
	事实测度	*De_ facto*	数值越高，开放程度越高	莱恩和米勒西费雷蒂（2007）
解释变量	经济规模波动	*Ecosize*	经 PPP 调整的国内生产总值的波动	WDI
	经济发展水平	*Ecodev*	实际人均国内生产总值	WDI
	通货膨胀率	*Inf*	国内生产总值平减指数	WDI
	外汇储备	*Res*	相对国内生产总值的比值	WDI 和各国央行
	贸易开放度	*Trade*	进出口总额与国内生产总值的比值	WDI
	金融市场发展程度	*FD*	基于多个指标衡量	瑞泽卡（2016）
	经济冲击哑变量	*Shcok*	包括货币危机、银行系统危机等	拉文和白伦西亚（2013）
	汇率制度弹性	*Ex*	数值越高，汇率制度弹性越大	莱因哈特和罗格夫（2004）
	政治稳定程度	*Polsta*	数值越高，动乱程度越高	MEPV 数据库

二、计量模型设定

在确定了被解释变量与解释变量后，本章对资本账户开放度影响因素模型的基本形式设定如下：

$$y_{it} = \alpha_i + \beta_1 ecosize + \beta_2 ecodev + \beta_3 inf + \beta_4 res + \beta_5 trade + \beta_6 trade^2 + \beta_7 fd$$
$$+ \beta_8 shock + \beta_9 ex + \beta_{10} polsta + \varepsilon_{it} \qquad\qquad (式3-1)$$

其中 i 表示国家，t 表示时期，y_{it} 是分别利用两种方法测算得到的资本账户开放程度。

第二节　资本账户开放程度的影响因素分析

由于发达国家和发展中国家在经济、金融市场发展、法律法规完善程度等方面都存在较大差异，本章将样本分为发达国家和发展中国家进行实证分析。发达国家包括澳大利亚、美国、英国、法国、德国、意大利、加拿大、日本与韩国等经合组织成员国；发展中国家包括阿根廷、巴西、墨西哥、印度、印度尼西亚、沙特阿拉伯、南非和土耳其。为了能更好地评估中国资本账户改革的各项条件是否成熟，本章在实证分析时将中国作为样本外国家，根据实证结果计算出中国资本账户开放程度的理论值，将其与开放度的实际值进行对比分析，进而为中国资本项目改革的具体方向和措施提供建议。

对面板模型进行豪斯曼检验的结果显示，在1%的显著性水平下应建立固定效应模型，因此本章分别对两个面板数据样本采用固定效应模型进行回归。由于分样本的面板数据具有典型的 T 大于 N 的特征，即"长面板"数据，因此需要首先考虑面板数据是否存在异方差、序列相关和截面相关问题，否则会影响估计结果的准确性。本章分别采用似然比检验法、沃尔德里奇（Wooldridge，2003）提出的 F 检验法和布鲁斯·帕根（Breusch-Pagan）提出的 LM 检验法对组内异方差性、组内自相关和截面相关性问题进行检验。根据表3-2的检验结果，无论是发达国家还是发展中国家的面板数据，均存在"长面板"异方差、序列相关和截面相关问题。因此，本章使用可行广义最小二乘法对面板模型进行估计，以控制上述潜在问题，并通过最小二乘虚拟变量模型（LSDV）法加入个体虚拟变量，从而充分利用扰动项的信息，获得更为准确和有效的估计结果。

表3-2　残差项的检验结果

检验类型	Dejure Model				Defacto Model			
	发达国家样本		发展中国家样本		发达国家样本		发展中国家样本	
	检验统计量数值	P值	检验统计量数值	P值	检验统计量数值	P值	检验统计量数值	P值
组内异方差检验	303.80	0.0000	572.66	0.000	916.28	0.0000	129.58	0.000
组内序列相关检验	8.676	0.0186	100.485	0.0000	11.146	0.0103	154.216	0.000
截面相关检验	195.678	0.0000	117.261	0.0000	130.325	0.0000	20.694	0.008

一、发达国家资本账户开放度影响因素模型

对发达国家的面板模型进行回归，得到的结果如表3-3所示。由此可以看出，对资本账户开放程度存在显著正向影响的变量包括：经济发展程度和金融市场发展程度；而对资本账户开放度存在显著负向影响的变量包括一国的国内生产总值波动、通货膨胀率和经济冲击等。

从贸易开放度指标来看，其对名义测度 dejure 衡量的资本账户开放度的影响不显著，但对事实测度 defacto 衡量的资本账户开放度具有显著的影响，其一次项的系数为正而二次项的系数为负，这与邓敏和蓝发钦（2013）的研究结论一致，说明贸易开放度对资本账户开放程度的影响为倒 U 型的非线性关系，当贸易过度开放时，会对资本项目开放带来一定的冲击和阻碍。同时，由于名义测度是根据政策法规限制的改变来度量一国的资本账户开放程度，因此其具有一定的滞后性，对于存在非线性作用的影响因子并不能及时作出回馈。

表3-3 发达国家的面板回归结果

变量	(1) dejure	(2) defacto	变量	(1) dejure	(2) defacto
ecosize	−2.443 ***	−1.313 **	polsta	0.0155	−0.342
	(0.535)	(0.581)		(0.0138)	(0.733)
ecodev	2.693 ***	1.711 ***	country2	2.033 ***	−0.173
	(0.603)	(0.605)		(0.333)	(0.289)
inf	−1.264 ***	−0.0901 *	country3	3.172 ***	2.089 ***
	(0.436)	(0.0542)		(0.709)	(0.740)
res	0.0258	0.546 ***	country4	4.682 ***	1.578 *
	(0.0362)	(0.0916)		(0.812)	(0.872)
trade	−0.967	8.163 ***	country5	2.864 ***	1.099
	(0.954)	(1.185)		(0.700)	(0.694)
$trade^2$	1.544 **	−4.225 ***	country6	5.766 ***	2.736 **
	(0.732)	(0.898)		(1.081)	(1.164)
fd	0.630 ***	1.476 ***	country7	0.904	−0.0102
	(0.158)	(0.232)		(0.604)	(0.550)
shock	−0.457 ***	−3.320 ***	country8	3.951 ***	4.932 ***
	(0.124)	(0.635)		(0.662)	(0.805)
ex	0.0391	−0.0361	country9	7.539 ***	3.946 **
	(0.0268)	(0.0297)		(1.457)	(1.579)
Observations	279	279	Wald chi2 (20)	469.82	773.36
			Prob > chi2	0.0000	0.0000

注：回归系数下方括号内为 t 值，＊、＊＊、＊＊＊分别表示在10%、5%、1%的显著性水平下显著。

二、发展中国家资本账户开放度影响因素模型

利用发展中国家的面板数据进行回归，得到的结果如表3-4所示。由此可以看出，国内生产总值波动、经济发展水平、通货膨胀率、金融发展程度、经济冲击等变量对发展中国家资本账户开放程度的影响是显著的，并且系数的符号与发达国家的回归结果相同。这一结果表明，即使存在诸多方面的差异，发达国家与发展中国家资本账户开放程度的影响因素的作用方向是

相对确定的，只是在具体影响程度上存在一定的区别。

从贸易开放度指标来看，无论是以名义测度值还是事实测度值作为被解释变量，贸易开放度对资本账户开放均存在显著的非线性影响，这与发达国家的回归结果有所不同，说明对于发展中国家，贸易自由度的影响可以从名义指标和实际指标两方面的影响共同体现。这说明，相对于发达国家不会对市场进行过度干预而言，发展中国家的资本账户开放政策对贸易开放程度更加敏感，政府会根据贸易开放程度对资本管制政策进行调整，从而保证风险可控。

汇率制度弹性仅对以事实测度衡量的资本账户开放程度具有显著的正向影响，而在名义测度衡量的回归结果中没有显著影响，这反映了两种测度方式存在一定的差异。在以事实测度 defacto 作为被解释变量的回归结果中，汇率制度弹性的系数为正值，但数值较小，这可能是由于现实中各国并不是直接在"三元悖论"假定的三个绝对化政策目标中作出决策，而是部分有弹性地在三个政策指标之间进行选择。

表3-4　发展中国家的面板回归结果

变量	(1) dejure	(2) defacto	变量	(1) dejure	(2) defacto
$ecosize$	−1. 002 ***	−0. 560 ***	$polsta$	0. 0361 ***	0. 0604
	(0. 273)	(0. 0825)		(0. 0130)	(0. 0437)
$ecodev$	1. 226 ***	8. 128 ***	$country2$	0. 827	−0. 304 ***
	(0. 282)	(2. 203)		(0. 586)	(0. 0725)
inf	−0. 125 ***	−0. 0163 ***	$country3$	2. 670 ***	−0. 360 ***
	(0. 0272)	(0. 00567)		(1. 010)	(0. 0970)
res	0. 0959	0. 453 **	$country4$	2. 480 ***	−0. 420 ***
	(0. 109)	(0. 191)		(0. 943)	(0. 0847)
$trade$	1. 619 **	4. 479 ***	$country5$	3. 683 ***	−0. 658 ***
	(0. 730)	(0. 408)		(0. 604)	(0. 0876)
$trade^2$	−1. 199 **	−3. 819 ***	$country6$	1. 569 ***	−0. 573 ***
	(0. 576)	(0. 415)		(0. 447)	(0. 0681)
fd	0. 581 *	1. 145 ***	$country7$	0. 752	0. 751 ***

续表

	(1)	**(2)**		**(1)**	**(2)**
	(0.317)	(0.176)		(0.485)	(0.214)
shock	−0.137**	−0.0286***	*country*8	−1.082***	−0.719***
	(0.0669)	(0.00817)		(0.325)	(0.0867)
ex	0.00695	0.376*	*country*9	−0.0834	−0.865***
	(0.0113)	(0.203)		(0.412)	(0.0655)
Observations	279	279	Wald-chi2 (20)	1287.81	1243.33
			Prob>chi2	0.0000	0.0000

注：回归系数下方括号内为 t 值，*、**、*** 分别表示在 10%、5%、1%的显著性水平下显著。

第三节　中国资本账户开放国际经验借鉴

通过前文的实证分析，我们分别得到了发达国家和发展中国家资本账户开放程度的主要影响因素。二者存在一些相同之处，如一国的国内生产总值波动、经济发展水平、金融市场发展程度、通货膨胀率和经济冲击均是影响资本账户开放程度的显著因素；同时，二者的影响因素也存在区别，贸易开放度、汇率制度弹性和社会稳定程度等因素对发达国家和发展中国家的影响存在一定的差异，如发达国家与发展中国家的资本账户开放程度受到贸易开放度的一次项与二次项的影响有所区别。上述结果对于作为样本外国家的中国具有一定的借鉴意义，通过将中国的相关数据代入回归方程，可以得到基于这些国家普遍经验的中国资本账户开放度的理论值，将该理论值与中国资本账户开放度的实际值进行对比，可以从经验借鉴的角度，分别评价中国资本账户改革政策法规层面和实际经济指标层面的进展。考虑到中国的经济、金融市场等各方面的发展程度与发展中国家更为相似，本章将中国的数据代入发展中国家影响因素模型的回归方程中，以得到其理论值，结果见图 3-1和图 3-2。

图 3-1 为使用名义测度时中国资本账户开放度的理论值和实际值的对比，由于所选的面板数据存在显著的固定效应，因此得到的是理论值的区

间。可以看出，总体而言，1990 年以来中国资本账户开放度的理论值基本
上都高于其真实水平，表明中国的名义资本账户开放度低于国际经验规律下
应该达到的理论水平。政策法规名义测度主要反映一国政府对资本账户开放
的态度，其变动体现了政府对本国资本管制态度的调整，而并不完全反映资
本项目流动的实际变化情况，其变动也并不一定直接由社会和经济形势的变
化导致，而是更多地反映了政府对于资本项目改革的态度以及态度的变化。
因此，图 3-1 的结果表明，相较于资本账户开放的国际经验而言，我国对
资本项目开放的态度相对较为严厉，相比于类似的经济和金融发展条件下的
资本项目开放度的名义测度水平，我国现实的名义测度值是较低的，这说明
我国政府应当进一步加强相关法律法规建设，完善资本项目流动管理的基础
设施和政策法规，为提升中国的资本账户名义开放度创造条件。同时，从图
3-1 可以看出，名义测度下中国的资本账户开放度变化非常缓慢，说明该指
标存在一定程度的滞后性，与中国资本项目流动的实际情况存在差异。

图 3-2 为使用事实测度时中国资本账户开放度的理论值和实际值的对
比。可以看出，事实测度的理论值基本都低于真实水平。中国的实际资本账
户开放度相对高于按照国际经验测算出的水平。经济指标事实测度反映的是
一国实际资本项目流动的自由度情况。图 3-2 显示，我国资本账户开放度
总体呈现逐步上升的趋势，并且事实测度下中国的资本账户开放程度基本都
高于国际经验水平。这说明，相比于具有类似的经济、金融条件下的其他发
展中国家而言，实际经济指标测算的中国资本账户开放程度是偏高的，表明
根据国际经验规律，当前中国资本账户开放的节奏过快，而相关的条件仍然
不够稳固，资本账户全面开放的时机尚未成熟。因此，目前中国应进一步提
升综合国力和经济发展质量，推动金融体系深化改革，完善相关政策法规和
制度建设，合理安排资本账户开放与利率市场化、汇率市场化等相关改革的
顺序，并制定相应的风险防范措施，在各方面条件基本成熟的情况下稳步推
进资本账户开放。

通过对比图 3-1 和图 3-2，可以发现，不同测度的结果存在明显差异：
名义测度低于理论值，而实际测度高于理论值。这种差异说明中国的资本账
户的政策法规的完善滞后于资本账户的实际开放程度。针对这种情况，我国
应逐步放开政策法规层面的管制，并加强相应的社会、经济与金融发展水平

建设，使资本管制程度与实际资本流动情况相匹配。

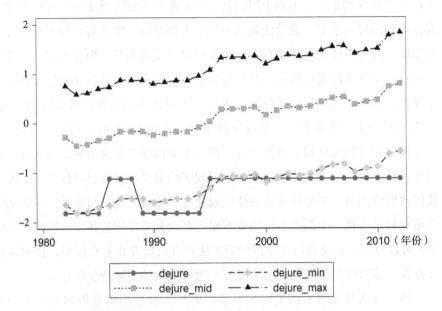

图 3-1　中国资本账户开放度的理论值与实际值对比（名义测度）

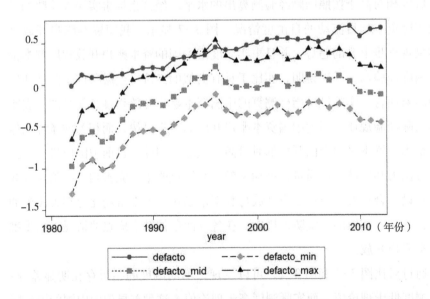

图 3-2　中国资本账户开放度的理论值与实际值对比（事实测度）

本章小结

本章同时采用政策法规名义测度法和经济指标事实测度法来衡量资本账户的开放程度，利用基于 FGLS 估计的面板固定效应模型对 G20 国家资本账户开放程度的影响因素进行了实证分析，区分发达国家和发展中国家的样本来分析其影响因素，在此基础上，得到国际经验规律下中国资本账户开放程度的理论值，并将其与实际值进行对比分析，以此评价中国资本项目改革的进程。本章得到的主要结论包括以下三点：

第一，发达国家与发展中国家资本账户开放度的影响因素存在一定的差异。实证结果显示，发达国家与发展中国家资本账户开放度的影响因素存在一些共同之处，无论是采用名义测度还是事实测度，一国的国内生产总值波动、经济发展水平、金融市场发展程度、通货膨胀率和经济冲击均是影响资本账户开放程度的显著因素。同时，二者的影响因素也存在一些区别，包括贸易开放度、汇率制度弹性和社会稳定程度等因素的影响有所不同。

第二，政策法规名义测度与经济变量事实测度下一国资本账户开放程度的显著影响因素存在差异。这两种测度法分别反映了一国资本账户开放度不同方面的信息，实证结果中，外汇储备状况、贸易开放度、汇率制度弹性和社会稳定性变量在不同测度法下对资本账户开放程度的影响有所不同。

第三，以名义测度衡量的中国资本账户开放度的理论值高于真实值，以事实测度衡量的中国资本账户开放度的实际值高于理论值。这说明相比于其他发展中国家，我国对于资本账户管制的政策法规相对较为严格，相关法律和政策法规的调整存在一定的滞后性，并且根据国际经验规律，当前我国资本账户开放的节奏过快，超过了相应的社会、经济与金融发展水平，推动资本账户全面开放的时机尚未成熟。

结合本章的实证结论，在借鉴其他新兴国家资本账户开放普遍经验的基础上，我们对未来中国资本账户开放进程提出以下建议：

首先，资本账户改革的推进应当与配套的经济、社会环境和金融改革相结合。本章实证结果表明，经济发展水平的提高、社会的完善和金融市场的发展都有助于提升资本项目开放程度。根据发展中国家的改革经验以及此前学者的研究发现，一国应首先保证国内的社会环境和宏观经济稳定，在此基础上进行金融市场改革。因此，我国应积极促进宏观经济发展，同时，加强相关法律法规的设立与调整，提高社会稳定性。在此基础上，加强金融市场建设，深化国内金融改革，提高金融体系运行效率和市场监管的有效性，为进一步推进资本账户改革创造有利的条件。

因此，我国应积极促进宏观经济发展，加强金融市场建设，深化国内金融改革，提高金融体系运行效率和市场监管的有效性。同时，加强相关法律法规的设立与调整，提高社会稳定性，为进一步推进资本账户改革创造有利的条件。

其次，应协调经常项目开放与资本项目开放的关系，注意贸易开放度对资本账户自由化进程的倒 U 型影响，促使二者协调发展。同时，中国应加强对于资本项目流动的监管，建立相关的管理机构以加强对于实际资本流动的监控，尤其应加强对"地下"资本流动项的管理，及时对相关法律和政策法规进行调整更新，避免监管的法律法规出现滞后的现象。

此外，鉴于与实际资本账户开放程度相比，我国在相关法律和政策法规方面存在的滞后性，我国应在政策层面适当放宽资本管制。目前我国呈现出的非均衡性管制格局，即鼓励资本流入、限制资本流出的政策倾向，政府应逐步降低对资本流出的限制，理性对待资本流入，在控制风险的基础上，逐步推进资本账户开放。

最后，资本账户开放不宜操之过急，应根据自身的社会、经济和金融基础的发展状况，合理地安排资本项目改革的进程和节奏，不必受到他国或利益集团的影响，过快地或过慢地进行相关的改革。同时，资本账户改革应当与其他相关改革协调推进，科学合理地安排各项改革的顺序和步伐，在风险可控的前提下稳步推进资本账户开放。

第四章 资本管制与我国非抛补利率平价扭曲[*]

描述利率、汇率之间动态关系最为重要的理论便是利率平价理论。但是相关文献几乎都是基于有效资本市场假设进行的分析和论证。对于我国这样一个长期存在资本管制的国家而言，十分有必要在资本管制条件下重新认识利率和汇率之间存在怎样的动态关系。只有充分认识到资本管制给宏观经济带来的扭曲效应，才能更好地分析如何推进我国汇率市场化与资本账户开放进程。

利率平价理论认为汇率水平由两国货币的相对价格决定，与两国货币的利率差有关。根据投资者的风险偏好假设的不同，利率平价可以分为两种：非抛补利率平价和抛补利率平价两种。作为最重要的汇率决定理论之一，"非抛补利率平价"（Uncovered Interest-rate Parity，UIP）一直是汇率理论研究的核心问题之一。非抛补利率平价指的是资本在两国之间自由流动且经济主体能够无摩擦进行外汇交易条件下，高利率国家货币未来会贬值，而低利率国家货币则会升值。这一理论最早由凯恩斯（1924）和艾因格（Einzig，1937）提出，经过阿列伯（Aliber，1973）进一步的完善，形成了现代利率平价理论。但随后大部分实证研究均得出了相反的结论，发现高利率国家货币往往会倾向于升值而非贬值。[①] 实证检验结果相对于理论推断的反向偏离被称为"非抛补利率平价失效"（UIP Failure）。越来越多的学者开始寻找导致利率平价失效的影响因素和理论解释。

在我国基本实现利率市场化、汇率制度改革及资本账户开放稳步推进的大背景下，非抛补利率平价成立的前提条件逐渐得到满足，人民币利率及汇

---

[*] 本章部分内容已发表于《世界经济研究》2019年第4期。

① Froot K. A., and Thaler R. H., "Anomalies: Foreign Exchange", *The Journal of Economic Perspectives*, Vol. 4, No. 3, 1990.

率这两个重要经济变量之间联系变得更为紧密。于是引出了如下两个重要的问题：人民币汇率和利率差之间是否已经满足非抛补利率平价关系？如果非抛补利率平价存在扭曲，那么利率与汇率之间存在怎样的动态影响机制？对这两个问题的研究，不仅能为政策当局制定汇率政策提供参考，还对汇率市场化改革以及资本账户开放的推进具有重要的理论意义。本章回顾了相关理论基础，非抛补利率平价是这些经典理论的核心假设。在对相关问题进行深入分析之前，探讨存在资本管制时非抛补利率平价是否成立，以及利率—汇率动态关系表现形式显得尤为重要。只有将分析和论证建立在更为坚实的基础上，才能保证结论的正确与否。

在凯恩斯（1924）和艾因格（1937）提出非抛补利率平价之后很长时期内，大部分实证研究均得到相反的结论。弗鲁特和泰勒（Froot 和 Thaler，1990）总结了 75 项代表性研究，发现除了极少数学者得到了符合非抛补利率平价的结论外，其他学者均得到相反结论。近期越来越多学者开始寻找非抛补利率平价失效的根本原因，并从新的角度去探讨存在资本管制时的利率—汇率动态关系。这些前期研究主要可以归纳为如下几个方面。

一、交易成本

鲍德温（Baldwin，1990）构建了包含交易成本的两国模型，提出了交易成本假说，认为两国金融资产交易成本的存在使得利率波动足够大时才会影响汇率波动。于是，导致了非抛补利率平价失效。查邦德和怀特（Chaboud 和 Wright，2005）、萨诺等（Sarno 等，2006）以及贝利和基利奇（Baillie 和 Kilic，2006）的研究验证了交易成本假说，他们发现利率差较大时，其波动对于汇率影响更为显著。在此基础上，里昂（Lyons，2001）进一步指出不同货币间非抛补套利交易收益情况会显著影响非抛补利率平价的实现，只有收益足够大才能引发投资者针对远期汇率的偏离进行套利，这时非抛补利率平价出现的偏离才会被纠正。萨诺等（2006）通过平滑转换模型进行的实证研究得到了类似结论。

二、资本管制与外汇市场干预

弗鲁特和泰勒（Froot 和 Thaler，1990）认为两国之间的资本流动存在障碍，投资者对其投资组合调整无法立即完成，因此导致非抛补利率平价失效。无论是投资者的非理性决策还是来自央行的政策冲击，都会成为资本流动的障碍。

马克与莫（Mark 和 Moh，2007）认为预期外的央行外汇市场干预会导致远期外汇溢价，他们将政策干预纳入理论模型，采用克鲁格曼（Krugman，1991）的未决参数法（Undetermined Coefficients）求解得到内嵌央行干预的非线性解，通过模拟矩估计（SMM）方法对方程进行估计，检验了德国马克、日元与美元之间的非抛补利率平价。结果表明存在外汇市场干预时，远期汇率存在显著的偏离；没有外汇市场干预时，德国马克不存在远期汇率偏离，日元存在偏离但没有外汇市场干预下那么显著。门霍夫等（Menkhoff等，2012）利用资产定价模型考察了外汇市场上的"套息交易"（Carry Trade，投资者借入低利率货币，购买高利率货币的投资行为）。发现汇率的波动会显著影响套息交易投资组合回报率，也即是说汇率的波动是非抛补利率平价失效的重要原因。法尔希和韦宁（Farhi 和 Werning，2012）则通过在小国开放经济模型中引入跨境资本利得税，在无套利条件下得到了包含税率楔子的非抛补利率平价关系，发现以税收形式存在的资本管制会引起非抛补利率平价的偏离。常等（2015）在开放经济动态随机一般均衡框架内进一步分析了汇率政策及资本管制对于宏观经济的影响，他们认为固定汇率政策及对跨国资本流动的限制会造成非抛补利率平价和独立货币政策的缺位，因而降低一国经济的福利水平。

在中国，资本管制长期存在，主要表现在外汇的非自由兑换以及政府对汇率波动的干预，很多学者已经从实证的角度提供了外汇干预及资本管制影响利率平价关系的证据。其中金中夏和陈浩（2012）基于风险价值模型（VAR）的实证分析表明，利率平价在我国并不体现为汇率的自由波动，而是表现在外汇储备的积累。谭小芬和高志鹏（2017）研究了资本管制和风险因素对于中美利率平价的影响，发现资本管制是最主要的影响因素，我国宏观经济政策应当更加注重资本管制和货币政策之间的协调。肖立晟和刘永余（2016）运用非线性时变平滑转换模型验证了风险溢价、交易成本、外汇市场干预以及套利受限四种非抛补利率平价不成立假说。结果表明，总体上人民币非抛补利率平价并不成立，而且近期偏离程度越来越高。意味着中国的资本账户开放政策，与以中间价为基础的人民币汇率形成机制，在短期正面临越来越突出的矛盾。

在有关资本管制对于非抛补利率平价影响的理论分析中，王彬（2015）直接外生给定了带有资本管制约束的非抛补利率平价方程，在开放经济动态随机一般均衡框架中探讨了我国均衡汇率相关问题，但并未对资本管制影响利率平价的机理作进一步阐述。王爱俭和邓黎桥（2016）在其基础上通过引入外汇交易商，将外汇风险溢价考虑在内，进一步修正了非抛补利率平价方程，其中资本管制沿用了王彬（2015）的设定。从国内现有文献可以发现，学者们已经从实证和理论两个方面对资本管制如何影响非抛补利率平价做了大量工作，但在具体的作用机理上还有待进一步研究和分析。

三、货币政策冲击

麦卡勒姆（McCallum，1994）指出，一国政府往往不希望汇率或者利率出现大幅波动，往往会在货币升值（贬值）时选择更为宽松（收紧）的货币政策，因此对利率的调整是渐进式的以便平滑利率变动。这样一来，政策干预就会对非抛补利率平价产生影响，导致实际数据估计的非抛补利率平价模型参数与理论发生偏离。

摩尔与罗氏（Moore 和 Roche，2010）将坎贝尔和科克伦（Campbell 和 Cochrane，1999）提出的习惯持续性（Habit Persistence）引入卢卡斯（1982）提出的一般均衡框架中，分析了消费风险对于汇率波动以及非抛补利率平价产生的影响。摩尔与罗氏（2012）在此模型基础上进一步探讨了货币政策冲击对于非抛补利率平价有效性所起到的作用。根据货币供给增长率的条件协方差大小不同，他们将货币政策划分为"稳定"和"波动"两种区制，研究结果显示，货币政策较为稳定时经济主体预防性储蓄动机占优，非抛补利率平价失效；货币政策波动性较大时，跨期替代动机占优，此时非抛补利率平价成立。

四、样本与计量方法选择

实证分析中，样本以及计量方法的选择往往会对检验结果产生影响。近期有一些学者通过对样本期或者数据本身的不同选择得到了新的实证结论，认为在新的样本选择下非抛补利率平价是成立的。布杜赫等（Boudoukh 等，2016）使用远期利率的滞后期数据作为当期利率的工具变量，基于 G10 国家数据的回归结果表明非抛补利率平价成立。洛锡安（Lothian，2016）则基于 17 个国家平均跨度为 157 年超长样本期汇率及利率数据的实证分析结果显示，非抛补利率平价对于大多数国家在长期中是成立的。在超长的样本期中，来自市场或者政策的冲击影响最终被烫平。刘一楠和宋晓玲（2016）则是将风险异质与交易成本引入非抛补利率平价模型，通过时变系数的具有符号约束的贝叶斯时变随机波动向量自回归模型（TVP-SV-VAR）估计了 2010—2016 年间"利率—汇率"随机动态均衡，发现非抛补利率平价部分成立。

从对前期研究的梳理可以发现，基于交易成本的理论假说并不能对非抛补利率平价失效的实证证据给出恰当的解释。基于货币政策冲击和样本、计量方法选择的文献则仅仅从特定政策区制、工具变量和样本范围提供了非抛补利率平价成立的一些证据。不足之处在于这些研究未能给出更为一般的结论或解释。在资本管制与外汇干预方面，学者们同样没有给出很好的理论解释。

本章对现有文献的补充和贡献主要包含以下两个方面：（1）构建了包含资本管制在内的理论模型，通过求解代表性家庭效用最优化问题，推导得出国内外利率与汇率之间广义非抛补利率平价方程，从理论上分析了非抛补利率平价产生扭曲的原因。（2）采用带结构突变分位数回归拟合对应方程，检验了资本管制、汇率及通货膨胀等因素是否会显著影响我国非抛补利率平价，并从实际数据出发验证了广义非抛补利率平价方程是否成立。

第一节　理论模型构建与求解

一般均衡理论模型包括本国及外国两个经济体，由于分析的重点在于国内家庭效用最优化问题，将外国经济变量设定为外生的。具体而言，假设外币债券供给是无限的，外国利率和本国对外国净出口均为外生决定，其他宏观变量为内生变量。本国家庭效用函数中消费、实际货币余额与劳动通过对约束条件下家庭及厂商动态最优化问题的求解来确定。同时，基于家庭最优化问题一阶条件推导得到资本管制下的广义非抛补利率平价方程。

一、家庭

本章沿用已有研究中广泛使用的货币效用模型（Money in Utility, MIU）。本国代表性家庭对消费水平、实际货币余额和劳动水平进行抉择以便最大化其终生期望效用，同时通过持有本币或外币计价债券构成的投资组合进行跨期配置。最优化问题如式4-1所示：

$$\max E_0 \sum_{t=0}^{\infty} \beta^t \left[\log C_t + \zeta \log(m_t) - \nu \frac{L_t^{1+\varphi}}{1+\varphi} \right] \qquad (\text{式}4\text{-}1)$$

其中 C_t 为消费水平，L_t 为劳动时间，ν 为劳动在效用函数中的权重，ζ 为实际货币余额在效用函数中的权重，φ 为劳动工资弹性的倒数，$m_t = M_t/P_t$ 为实际货币余额，$0 < \beta < 1$ 为反映时间偏好的贴现因子。

资本的跨国自由流动是非抛补利率平价理论的核心假设。虽然以肖立晟和刘永余（2016）以及谭小芬和高志鹏（2017）为代表的最新研究已经确认我国资本管制制度是造成非抛补利率平价失效的关键因素，但是依然缺乏微观理论基础。本章将资本管制以投资组合调整成本形式引入代表性家庭在进行决策时面临的预算约束，这样一来可以通过理论推导揭示资本管制之下非抛补利率平价扭曲的机制。家庭预算约束为：

$$C_t + \frac{M_t}{P_t} + \frac{B_t}{\Xi_t P_t}[1 + \Theta_t] \leq w_t L_t + \frac{D_t}{P_t} + \frac{M_{t-1}}{P_t} + \frac{R_{t-1}B_{t-1} + e_t R_{t-1}^f B_{H,t-1}^f}{P_t}$$

$$(\text{式}4\text{-}2)$$

其中，e_t 为名义汇率，M_t 为本国居民货币需求，P_t 为价格水平，w_t 是实际工资率。居民为厂商提供劳动的同时也是厂商的所有人，每期分红为 D_t。R_t 和 B_t 分别表示本国毛利率和居民持有的本币债券，带上标 f 的 R_t^f 和 $B_{H,t}^f$ 分别表示外国毛利率和本国居民持有的外币债券，毛利率和债券余额的乘积为当期本息和，$\Xi_t = B_t/(B_t + e_t B_{H,t}^f)$ 代表了居民持有的投资组合中本币债券所占的比例。Θ_t 表示投资组合调整成本函数，其具体形式沿用施密特和乌里韦（Schmitt-Grohé & Uribe，2003）的设定：

$$\Theta_t = \frac{\gamma}{2}(\Xi_t - \overline{\Xi})^2 \qquad\qquad (式4-3)$$

γ 为调整成本系数，取值越大表示本国资本管制程度越高，居民调整投资组合中本外币债券比例的成本越高。由此，参数 γ 的大小直接影响居民在本币及外币债券之间配置资金的决策。

二、厂商

竞争产品厂商利用生产技术和家庭提供的劳动进行生产，具体生产函数的设定沿用加利和莫纳切利（Gali & Monacelli，2005）

$$Y_t = A_t L_t \qquad\qquad (式4-4)$$

其中，技术水平 A_t 的对数 a_t 服从 AR（1）过程 $a_t = \rho_a a_{t-1} + \varepsilon_t^a$，$\varepsilon_t^a \sim N(0, \sigma_a^2)$，经济均衡时技术水平 A 标准化为1。

厂商需要在外生给定技术水平约束下实现其贴现利润之和最大化，约束最优化表达式为：

$$\max E_0 \sum_{t=0}^{\infty} Q_{0,t}(P_t Y_t - W_t L_t) \qquad\qquad (式4-5)$$

$$s.t. \quad Y_t = A_t L_t$$

其中，$Q_{0,t}$ 是随机贴现因子。由于不存在资本以及产品价格调整成本，厂商最优化问题不涉及跨期资源配置，等价于任意时期最大化利润函数 $P_t Y_t - W_t L_t$，对应一阶条件为 $w_t = A_t$。

三、外国部门

正如前文所述，理论模型重点分析了我国居民在资本管制下最优化问题的解，关于外国经济变量假设为外生决定。除了外币债券市场供给是无限的假设外，外国利率水平 R_t^f 和我国对其净出口 NX_t 设定为满足如下过程的外生变量：

$$\ln NX_t = (1 - \rho_{NX})\overline{NX} + \rho_{NX} NX_{t-1} + \varepsilon_t^{NX} \qquad\qquad (式4-6)$$

$$\ln R_t^f = (1 - \rho_{Rf})\overline{R^f} + \rho_{Rf} R_{t-1}^f + \varepsilon_t^{Rf} \qquad\qquad (式4-7)$$

其中，$\overline{NX_t}$ 和 $\overline{R^f}$ 对应经济均衡状态时净出口和外国利率。

于是，我国厂商每一期生产最终商品可表示为：

$$Y_t = C_t + NX_t \qquad (\text{式 } 4\text{-}8)$$

同时，我国因为净出口和外币债券利息产生的经常账户余额应当等于同时时期资本账户中我国净外币资产增量，如下式：

$$P_t NX_t + e_t B^f_{t-1}(R^f_{t-1} - 1) = e_t(B^f_t - B^f_{t-1}) \qquad (\text{式 } 4\text{-}9)$$

其中等式左边为经常账户余额，右边为本国净外币资产增量。

四、本国政府

若将政府持有的外币债券记为 $B^f_{G,\,t}$（即外汇储备），我国政府与居民持有外币债券总额可分解为：

$$B^f_t = B^f_{H,\,t} + B^f_{G,\,t} \qquad (\text{式 } 4\text{-}10)$$

由于我国政府长期实行强制结售汇制度，经常账户盈余所形成的外币资产增量部分，除了最终被家庭持有的 $B^f_{H,\,t}$ 之外，剩余部分均成为政府外汇储备资产 $B^f_{G,\,t}$。中国人民银行购买储备资产方式包括直接发行货币或者发行本币债券进行冲销操作。因此，中国人民银行面临如下约束：

$$B^f_{G,\,t} - R^f_{t-1}B^f_{G,\,t-1} \leq [(B^S_t - R_{t-1}B^S_{t-1}) + (M^S_t - M^S_{t-1})] / e_t \qquad (\text{式 } 4\text{-}11)$$

其中，$R^f_{t-1}B^f_{G,\,t-1}$ 和 $R_{t-1}B^S_{t-1}$ 分别表示前一期政府持有外币债券在当期应偿还的本息和以及前一期政府发行债券余额在当期应偿还的本息和。中国人民银行每期货币供应量和本币债券发行量分别满足 $M^S_t = M_t$ 以及 $B^S_t = B_t$，实现货币及债券市场出清。

我国中国人民银行货币政策设定为带汇率目标的泰勒规则形式：

$$\left(\underline{R_t}\right) = \left(\underline{\pi_t}\right)^{\theta_1} \left(\frac{Output_t}{\overline{Output}}\right)^{\theta_2} \left(\underline{e_t}\right)^{\theta_3} \qquad (\text{式 } 4\text{-}12)$$

式 4-12 表明央行根据自然利率水平、通胀缺口、产出缺口以及汇率缺口来确定当期目标利率。

五、资本管制条件下的利率汇率动态关系

在前文构建的一般均衡理论模型中，我国和外国的利率、汇率通过我国代表性家庭每一期在本币及外币债券市场进行的动态最优化配置而相互联系

起来。首先，我们求解家庭约束最优化问题（1）对应本币债券的一阶条件为：

$$E_t\beta R_t \frac{\Lambda_{t+1}}{\Lambda_t} \frac{P_t}{P_{t+1}} = 1 + \frac{\gamma}{2}(\Xi_t - \overline{\Xi})2 + \gamma(\Xi_t - \overline{\Xi}) \frac{e_t B_{H,t}^f}{B_t + e_t B_{H,t}^f}$$

$$1 + \frac{\gamma}{2}(\Xi_t - \overline{\Xi})2 + \gamma(1 - \Xi_t)(\Xi_t - \overline{\Xi}) \qquad (式4-13)$$

同时，对应外币债券的一阶条件为：

$$E_t\beta R_t^f \frac{\Lambda_{t+1}}{\Lambda_t} \frac{P_t}{P_{t+1}} \frac{e_{t+1}}{e_t} = 1 + \frac{\gamma}{2}(\Xi_t - \overline{\Xi})2 - \gamma(\Xi_t - \overline{\Xi}) \frac{B_t}{B_t + e_t B_{H,t}^f}$$

$$= 1 + \frac{\gamma}{2}(\Xi_t - \overline{\Xi})2 - \gamma(\Xi_t - \overline{\Xi})\Xi_t \qquad (式4-14)$$

其中 $\Lambda_t = 1/C_t$ 为拉格朗日乘子，联立两式可得：

$$E_t\beta \frac{C_t}{C_{t+1}} \frac{1}{\pi_{t+1}} \left(R_t - R_t^f \frac{e_{t+1}}{e_t} \right) = \gamma(\Xi_t - \overline{\Xi}) \qquad (式4-15)$$

式4-15即为存在资本管制时的广义非抛补利率平价方程，代表了资本管制条件下利率和汇率之间的动态关系。

六、非抛补利率平价扭曲成因分析

命题一：资本管制是我国非抛补利率平价扭曲的重要原因，资本管制力度越大则非抛补利率平价扭曲程度越大。

证明：首先，当 $\gamma = 0$ 时，资本管制消失，由式（4-15）可知：

$$R_t - R_t^f \frac{E_t e_{t+1}}{e_t} = 0 \qquad (式4-16)$$

两边取对数，并且整理后可以得到：

$$E_t(\ln e_{t+1}) - \ln e_t = \ln R_t - \ln R_f \qquad (式4-17)$$

式4-17即为经典非抛补利率平价方程。说明无资本管制环境下，只要外汇市场不存在交易成本等摩擦，非抛补利率平价是成立的。假设市场摩擦存在，也仅仅是在式4-17中增加了截距项，不会影响到预期未来汇率贬值幅度和利率差之间的正向关系。

其次，正是因为我国长期以来存在资本管制政策，于是 $\gamma \neq 0$，直接导致经典非抛补利率平价不再成立。但是广义的非抛补利率平价方程还是存在

的，式4-15即为被资本管制政策扭曲后的非抛补利率平价形式。保持其他变量不变，$\gamma \uparrow \rightarrow |\gamma(\Xi_t - \overline{\Xi})| \uparrow \rightarrow |R_t - R_t^f E_t e_{t+1}/e_t| \uparrow$，说明资本管制力度 γ 越大，式4-16取值相对于0偏离幅度就越大，于是非抛补利率平价的扭曲程度就越大。

命题二：资本管制下，汇率波动、汇率预期和通胀预期的变动会影响非抛补利率平价的扭曲程度。

证明：从式4-15可知，汇率以及经济主体对于未来汇率的预期（$E_t e_{t+1}$）是广义非抛补利率平价方程的核心变量。因此，在其他因素不变的条件下，一旦汇率预期出现变动，会直接导致式4-15取值相对于式4-16出现进一步偏离。所以当资本管制存在时，汇率及汇率预期的变动都会影响非抛补利率平价的扭曲程度。

由式4-15可知，没有资本管制情形下式4-16成立，经济主体的通胀预期（$E_t \pi_{t+1}$）不会影响到非抛补利率平价。但是如果存在资本管制，通胀预期则会成为一个重要影响因素。经济处于稳态时 $C_t/C_{t+1} = 1$，我们将式4-15变形为：

$$E_t \beta \left(R_t - R_t^f \frac{e_{t+1}}{e_t} \right) = \gamma (\Xi_t - \overline{\Xi}) E_t \pi_{t+1} \qquad (\text{式}4\text{-}18)$$

于是，从式4-18可以看出，$|E_t \pi_{t+1}| \uparrow \rightarrow |\gamma(\Xi_t - \overline{\Xi}) E_t \pi_{t+1}| \uparrow \rightarrow |R_t - R_t^f E_t e_{t+1}/e_t| \uparrow$，说明经济主体预期通胀相对于稳态的变动幅度越大，式4-16取值相对于0偏离幅度就越大，于是非抛补利率平价的扭曲程度就越大。

第二节　计量模型构建与变量说明

一、带结构突变分位数回归模型设定

利率、汇率等金融数据往往呈现尖峰厚尾以及偏态分布特征，采用最小二乘法（OLS）对这类数据进行线性回归往往会因为普通最小二乘法基本假设不成立而使得估计结果不再具备无偏或者有效的优良性质。巴塞特和科恩克（Bassett 和 Koenker，1978）提出的分位数回归（Quantile Regression）方法相对于普通最小二乘法回归具备更为宽松的假设条件，适用于非正态分布金融数据的回归分析，同时能够从数据中获取更为丰富的信息，近年来在计量分析领域得到深入的研究和应用（如孙文杰和沈坤荣，2007；魏下海，2009；姜励卿和钱文荣，2012）。

分位数回归是一种基于被解释变量 y 特定分位数的条件分布（Conditional Quantile）来拟合自变量 x 的线性函数的回归方法，是对条件均值（Conditional Mean）回归的一种拓展。传统的线性回归模型仅描述了因变量的条件均值分布受自变量的影响，估计系数代表了自变量对因变量边际效应的平均值。分位数回归方法得到的估计系数则可以解释自变量对因变量在特定分位上的边际效应。对于存在尖峰厚尾及偏态分布特征的金融数据而言，分位数回归能够更好地揭示样本更为集中的分位上自变量对因变量的边际影响。分位数回归中因变量 y 相对于自变量 x 的条件分位函数定义为：

$$Q(\tau \mid x) = \inf\{y, \ F(y) \geq \tau\} \qquad \text{（式 4-19）}$$

表示在 y 的条件分布中存在比例为 τ 的数据小于 $Q(\tau)$。相应的概率函数为：

$$\rho_\tau(u) = \begin{cases} \tau u \ y_i \geq x_i'\beta \\ (1-\tau)u \ y_i < x_i'\beta \end{cases} \qquad \text{（式 4-20）}$$

其中 u 为参数，对于如下回归方程：

$$y = x'\beta(\tau) + \varepsilon(\tau) \qquad \text{（式 4-21）}$$

通过 Q 分位下的绝对离差估计（Least Absolute Deviation Estimation）可以得到分位数回归系数估计值：

$$\beta(\tau) = \underset{\beta}{argmin} \sum \rho_\tau \mid y_i - x_i'\beta(\tau) \mid \qquad \text{（式 4-22）}$$

从对前期相关文献的梳理发现，多种因素可能造成短期中非抛补利率平价的失效。虽然本章理论模型推导得出了资本管制下广义非抛补利率平价方程，但是货币政策规则变动、汇率制度改革等更为复杂的政策冲击可能会导致利率平价出现结构性突变。这种突变表现为广义非抛补利率平价方程中变量系数取值改变，方程形式不变但变量的边际影响发生变化。曲（Qu，2008）、冈和曲（Oka 和 Qu，2011）以及富尔诺和维斯托科（Furno 和

Vistocco，2013）针对回归方程存在结构性突变的情形，提出并发展了带结构突变的非线性分位数回归方法。我们采用这种计量方法来验证广义非抛补利率平价方程。假设存在 m 个内生的结构突变点，回归方程为：

$$Q_{y_t}(\tau \mid x_t) = \begin{cases} x_t' \beta_1^0(\tau), & t = 1, \cdots, T_1^0 \\ x_t' \beta_2^0(\tau), & t = T_1^0 + 1, \cdots, T_2^0 \\ \cdots & \cdots \\ x_t' \beta_{m+1}^0(\tau), & t = T_m^0 + 1, \cdots, T \end{cases} \quad （式4-23）$$

其中，T_m^0 代表第 m 个突变点对应的时期，m+1 个子样本期内回归方程系数不同。

曲（2008）提出了两种结构突变点的检验方法，针对特定分位 τ 上的突变点的 SQ 检验和同时对所有分位突变点联合估计的 DQ 检验（假定这些分位上突变点位置相同）。对于特定的分位 τ，SQ 检验的统计量为

$$SQ_\tau = \sup_{\lambda \in [0, 1]} \| (\tau(1 - \tau))^{-1/2} [H_{\lambda, T}(\hat{\beta}(\tau)) - \lambda H_{1, T}(\hat{\beta}(\tau))] \|_\infty$$

$$（式4-24）$$

其中，$H_{\lambda, T}(\hat{\beta}(\tau)) = \left(\sum_{t=1}^{T} x_t x_t' \right)^{-1/2} \sum_{t=1}^{\lambda T} x_t \psi_\tau(y_t - x_t' \hat{\beta}(\tau))$，$\psi_\tau(u) = \tau - 1(u < 0)$。

相应的 DQ 检验统计量则为：

$$DQ = \sup_{\tau \in \Gamma_\tau} \sup_{\lambda \in [0, 1]} \| H_{\lambda, T}(\hat{\beta}(\tau)) - \lambda H_{1, T}(\hat{\beta}(\tau)) \|_\infty \quad （式4-25）$$

其中，Γ_τ 为需要检验的分位数范围。

基于这样两个结构突变点检验方法，我们可以通过序贯检验来确定突变点个数。序贯检验原假设为：分位数回归方程结构突变点个数只有 k 个，而非 k+1 个。通过 k 取值为 1，2，3…序贯检验下去，即可通过 SQ 和 DQ 统计量显著性确定突变点个数。k 个突变点将样本区间划分为 k+1 个子区间，对于任一子区间 j 有：

$$SQ_{\tau, j} = \sup_{\lambda \in [0, 1]} \| (\tau(1 - \tau))^{-1/2} [H_{\lambda, T_{j-1}, T_j}(\hat{\beta}(\tau)) - \lambda H_{1, T_{j-1}, T_j}(\hat{\beta}(\tau))] \|_\infty$$

$$（式4-26）$$

$$DQ_j = \sup_{\tau \in I_\tau} \sup_{\lambda \in [0,1]} \quad \| H_{\lambda, T_{j-1}, T_j}(\hat{\beta}(\tau)) - \lambda H_{1, T_{j-1}, T_j}(\hat{\beta}(\tau)) \|_\infty$$

（式 4-27）

于是，序贯检验统计量为：

$$SQ_\tau(k+1 \mid k) = \max_{1 \le j \le k+1} SQ_{\tau, j}, \quad DQ(k+1 \mid k) = \max_{1 \le j \le k+1} DQ_j$$

当统计量 $(k \mid k-1)$ 显著而统计量 $(k+1 \mid k)$ 不显著时，表明回归方程存在 k 个结构性突变点。

最后，我们选取样本区间内所有可能突变点组合——进行检验，通过对比其统计量显著性水平，我们就能确定突变点的位置。

为了检验理论模型部分提出的命题一及命题二是否成立，需要判断相关变量是否符合广义非抛补利率平价方程式 4-15。对该方程做变换后可以得到如下回归方程：

$$\ln(RE_t) = \beta_0 + \beta_1 \ln\Xi_t + \beta_2 \ln E_t \pi_{t+1} + \beta_3 \ln e_t + \varepsilon_t \qquad （式 4-28）$$

其中，$RE_t = Re_t - R^f E_t e_{t+1}$ 可以视作经过汇率调整的利率差，消费变化率近似为常数 1[1]，居民资产中本币资产比例的稳态值进入截距项。基于回归方程式 4-28 我们采用带结构突变的分位数回归方法拟合实际数据，通过估计结果显著性来推断广义非抛补利率平价方程是否成立。

二、变量说明

本章所用数据来源为中国人民银行网站、统计局网站、万德数据库、彭博数据库以及联邦储备经济数据库。我国利率为 30 天加权银行间拆借利率，外国利率采用一月期伦敦同业拆借利率（Libor），汇率为人民币兑美元汇率月度数据，汇率预期选择无本金交割远期外汇交易（NDF）（一月期）汇率报价，通胀预期则是以滞后三期月度环比通胀率平均值表示。居民本币资产占全部资产比例 Ξ_t 则是近似为（准货币+金融债券余额）／（准货币+金融债券余额+人民币计价外汇占款余额）的比例。前期研究一般选择 2005 年

---

[1]　实际数据中，汇率、利率及通胀序列波动率要远大于消费，因此在这部分实证分析中将消费变化率近似为 1，以便着重分析金融市场中利率和汇率的波动对于汇率调整后利差的边际影响。在随后进一步分析中，才会在回归方程中引入消费变化率序列，进一步检验广义非抛补利率平价方程。

中国放弃钉住美元汇率制度之后的时间点作为样本期的开始，如肖立晟和刘永余（2016）采用了 2006 年 10 月之后的汇率数据。本章为了避免金融危机时期非常规货币及财政政策带来的干扰，选择 2009 年 1 月—2017 年 6 月作为样本期。

实证分析中变量描述性统计见表 4-1，可以发现所有变量都是尖峰厚尾并且有偏分布的。因此，采用分位数回归得到估计结果相比传统线性回归更为稳健。

表 4-1　变量描述性统计

统计量	$\ln(RE_t)$	$\ln\Xi_t$	$\ln E_t\pi_{t+1}$	$\ln e_t$
均值	-1.70	-0.31	0.16	1.87
中值	-1.55	-0.32	0.17	1.86
最大值	-0.91	-0.17	0.58	1.93
最小值	-3.62	-0.40	-0.67	1.81
标准差	0.55	0.07	0.19	0.04
偏度	-1.36	0.54	-1.48	0.16
峰度	5.40	2.06	8.03	1.50

第三节　资本管制引起非抛补利率平价扭曲实证分析

一、分位数回归结构突变点检验

分位数回归中对分位的设定只需要在［0，1］区间之内即可，但是过小以及过大的分位往往对应条件分布中数据稀疏的部分，估计结果往往不能说明变量间真实关系。此处和前期研究保持一致，舍弃两端过小或过大分位，选择［0.25，0.75］区间内等距的 11 个分位。选择了分位数之后，首先进行 SQ 检验及 DQ 检验，确定结构突变点个数及位置，结果见表 4-2。

表 4-2　结构突变点检验结果

SQ 检验			
分位数	SQ (1 | 0)	SQ (2 | 1)	结构突变点
0.25	2.124**	1.792	2015.4
0.3	1.860**	1.403	2015.4
0.35	2.058**	1.328	2015.4
0.4	2.193**	1.341	2015.4
0.45	2.436**	1.488	2015.4
0.5	2.299**	1.248	2015.4
0.55	1.965**	1.520	2015.1
0.6	2.155**	1.544	2015.1
0.65	1.833**	1.509	2015.1
0.7	2.012**	1.611	2015.1
0.75	1.662**	1.326	2015.1
DQ 检验			
分位数	DQ (1 | 0)	DQ (2 | 1)	结构突变点
[0.25, 0.75]	1.259**	0.792	2015.1

注：**代表 5%显著性水平。

SQ 检验结果表明，在 0.25—0.75 所有分位上统计量 SQ (1 \| 0) 在 1% 水平上显著，而 SQ (2 \| 1) 则不显著。因此，对于每一分位的回归方程均只存在一个结构突变点。在 0.25—0.5 分位，突变点为 2015 年 4 月；在 0.55—0.75 分位，突变点为 2015 年 1 月。可以发现针对单一分位的 SQ 检验得到的突变点位置非常接近，说明引发这一结构性突变外生冲击在每一分位上对回归方程影响呈现一致性。于是，我们进一步进行基于所有分位联合估计的 DQ 检验。结果表明统计量 DQ (1 \| 0) 在 1% 水平上显著，DQ (2 \| 1) 则不显著，结构突变点个数为 1，位置为 2015 年 1 月。事实上，我国在 2015 年 8 月进行了一次重要的汇率制度改革，将人民币汇率中间价前一日收盘价引入中间价形成机制，并且放宽汇率波动幅度。

虽然内生估计的突变点位置与汇改发生时间点没有完全一致，但二者差距相对于整个样本期是很小的。可以发现正是这一外生政策冲击直接引发了广义非抛补利率平价方程出现了结构性突变。其中蕴含的机理在于汇率制度的变革往往会引起汇率波动程度和汇率预期的变动，并由此而导致的经济主体决策的显著变化（包括对投资组合、消费水平等进行调整）。一方面，汇率预期变动改变非抛补利率平价扭曲程度；另一方面，经济主体决策的改变会直接或间接影响到非抛补利率平价方程中各个变量之间边际影响。最终结果就是在汇率改革时间点前后非抛补利率平价方程出现了结构性的突变。

二、带结构突变分位数回归结果

分位数回归结果报告在表 4-3 和表 4-4。以结构性突变点（2015 年 1 月）为界限，呈现出两种不同区制，每一区制中系数估计值均不相同，代表了不同区制下变量之间关系出现差异。从表 4-3 可以发现，2015 年 1 月之前，所有分位回归系数均在 1% 水平上显著，伪 R^2 在 0.53 以上，最高为 0.71。说明估计结果整体上高度显著并且解释力较强。从方程系数来看，居民本币资产占比、通胀预期和汇率三个变量弹性系数在不同分位上，符号保持不变，取值有所波动但基本保持稳定。说明这三个变量对于汇率调整后利率差的边际影响在条件分布低端至高端基本保持一致，不因选取分位数不同而发生变化。这一结果意味着广义非抛补利率平价在条件分布的不同位置都具备显著效力，也即是说这一利率—汇率动态关系在全样本上是普遍适用的。

总的看来，基于 2009 年 1 月—2015 年 1 月样本数据的回归结果表明前文理论推导得出的广义非抛补利率平价方程成立，同时也验证了基于此的命题一及命题二。相对而言，传统意义上的非抛补利率平价失效，资本管制的存在就是出现这种扭曲的决定性因素。

表 4-4 是根据结构突变点划分两个不同区制下分位数回归结果。其中区制 II 对应系数估计值全部不显著，伪 R^2 在所有分位上均很小。说明在 2015 年 1 月—2017 年 6 月样本期内分位数回归并未得到有意义的结果。同时，由于区制 II 样本数量过少，导致方程系数估计值存在极大偏误，也并不能用作推断自变量对因变量边际影响。2015 年 "811" 汇改引发的政策冲击改变了广义非抛补利率平价方程中变量之间边际影响，因而回归方程中系数在汇改前后发生突变。样本量的限制使得本章尚无法估计出汇改后有效的

回归方程系数，并对汇改引发的非抛补利率平价方程结构性变化进行分析。但这将是作者后续进一步研究的方向，一旦能够获取足够数据样本，我们将会进一步进行汇改后广义非抛补利率平价相关实证研究。

表4-3 带结构突变分位数回归结果（区制 I）

区制 I（2009年1月—2015年1月）					
分位数	β_0	β_1	β_2	β_3	伪 R^2
0.25	31.781***	−7.827***	1.045***	−17.101***	0.714
	(10.192)	(−5.631)	(4.880)	(−8.951)	
0.3	29.814***	−6.964***	1.148***	−15.877***	0.700
	(9.287)	(−4.814)	(6.670)	(−8.051)	
0.35	29.184***	−6.697***	1.112***	−15.473***	0.680
	(10.761)	(−5.425)	(5.273)	(−9.322)	
0.4	29.699***	−7.279***	0.909***	−15.830***	0.660
	(14.081)	(−5.646)	(3.966)	(−11.953)	
0.45	29.116***	−7.086***	1.042***	−15.483***	0.642
	(12.860)	(−5.048)	(5.071)	(−10.747)	
0.5	29.054***	−7.897***	0.814***	−15.568***	0.626
	(14.217)	(−6.026)	(4.195)	(−11.904)	
0.55	29.203***	−7.528***	0.908***	−15.578***	0.609
	(14.924)	(−5.915)	(4.744)	(−12.415)	
0.6	29.350***	−8.133***	0.792***	−15.743***	0.590
	(13.112)	(−5.301)	(3.967)	(−10.845)	
0.65	30.257***	−9.443***	0.852***	−16.463***	0.572
	(12.425)	(5.715)	(4.579)	(−10.419)	
0.7	30.071***	−9.343***	0.865***	−16.341***	0.552
	(11.747)	(−5.504)	(7.924)	(−9.865)	
0.75	29.402***	−8.881***	0.889***	−15.890***	0.531
	(11.975)	(−5.312)	(6.428)	(−10.009)	

注：回归系数下方括号内为 t 值，*** 代表1%显著性水平。

表 4-4 带结构突变分位数回归结果（区制 II）

区制 II （2015 年 1 月—2017 年 6 月）					
分位数	β_0	β_1	β_2	β_3	伪 R^2
0.25	−2.927	−3.856	−0.334	2.639	0.046
	(−0.453)	(−1.028)	(−0.908)	(0.874)	
0.3	−2.341	−3.558	−0.368	2.366	0.024
	(−0.274)	(−0.716)	(−0.895)	(0.593)	
0.35	−4.904	−6.628	−0.368	3.401	0.012
	(−0.579)	(−1.354)	(−1.013)	(0.859)	
0.4	−5.263	−7.059	−0.368	3.546	0.010
	(−0.618)	(−1.434)	(−1.007)	(0.889)	
0.45	−9.359	−9.232	−0.391	5.498	0.032
	(−1.023)	(−1.755)	(−0.972)	(1.283)	
0.5	−11.798	−9.645	−0.692	6.811	0.079
	(−1.364)	(−1.900)	(−1.975)	(1.685)	
0.55	−18.931	−14.882	−0.655	10.042	0.128
	(−2.170)	(−2.923)	(−1.945)	(2.460)	
0.6	−18.255	−14.477	−0.719	9.737	0.155
	(−1.227)	(−1.736)	(−1.402)	(1.393)	
0.65	−16.937	−13.739	−0.694	9.123	0.182
	(−1.181)	(−1.736)	(−1.355)	(1.353)	
0.7	−16.260	−13.360	−0.681	8.807	0.204
	(−0.968)	(−1.462)	(−1.274)	(1.114)	
0.75	−17.402	−13.720	−0.675	9.387	0.220
	(−1.621)	(−2.406)	(−3.117)	(1.858)	

注：回归系数下方括号内为 t 值。

三、广义非抛补利率平价再检验

在对命题二的证明过程中，将消费变化率近似为 1，并基于此推断在经济处于稳态水平时，资本管制、汇率及通胀等变量的变化会如何影响汇率调整后利率差。从宏观经济理论来看，消费变化率是和经济增长率高度相关的，可以视作一个稳定的常数。但事实上剔除趋势项之后，消费变化率序列存在其自身的波动特征，虽然其波动程度要小于通胀、汇率等变量，但我们需要进一步检验消费变化率波动对于广义非抛补利率平价关系是否存在显著影响。如果有，那么这种影响是否会改变利率平价关系。基于这样的考虑，我们进一步纳入消费变动率，直接检验广义非抛补利率平价方程。对该方程做变换后可以得到如下回归方程：

$$\ln(RE_t) = \beta_0 + \beta_1 \ln \Xi_t + \beta_2 \ln E_t \pi_{t+1} + \beta_3 \ln e_t + \beta_4 \ln \frac{C_{t+1}}{C_t} + \varepsilon_t \quad （式4-29）$$

其中，$RE_t = Re_t - R^f E_t e_{t+1}$ 可以视作经过汇率调整的利率差。基于此回归方程我们采用带结构突变的分位数回归方法拟合实际数据，通过估计结果显著性来推断广义非抛补利率平价方程是否成立。

实证检验所用数据除了利率、汇率及通胀以外，本章采用季度消费数据经三次插值得到月度数据后，通过 X12 方法进行季节调整后得到居民消费变化率 C_{t+1}/C_t 序列。居民本币资产占全部资产比例 Ξ_t 则是近似为（准货币+金融债券余额）/（准货币+金融债券余额+人民币计价外汇占款余额）的比例。选择 2009 年 1 月—2017 年 6 月作为样本期。

实证分析中变量描述性统计见表4-5，可以发现所有变量都是尖峰厚尾并且有偏分布的。因此，采用分位数回归得到估计结果相比传统线性回归更为稳健。

表4-5　变量描述性统计（加入消费变化率序列）

统计量	$\ln(RE_t)$	$\ln \Xi_t$	$\ln E_t \pi_{t+1}$	$\ln e_t$	$\ln \frac{C_{t+1}}{C_t}$
均值	-1.70	-0.31	0.16	1.87	0.01
中值	-1.55	-0.32	0.17	1.86	0.01
最大值	-0.91	-0.17	0.58	1.93	0.04
最小值	-3.62	-0.40	-0.67	1.81	-0.04
标准差	0.55	0.07	0.19	0.04	0.01
偏度	-1.36	0.54	-1.48	0.16	-1.25
峰度	5.40	2.06	8.03	1.50	11.96

分位数回归中对分位的设定只需要在［0，1］区间之内即可，但是过小以及过大的分位往往对应条件分布中数据稀疏的部分，估计结果往往不能说明变量间真实关系。此处和前期研究保持一致，舍弃两端过小或过大分位，选择［0.25，0.75］区间内等距的 11 个分位。选择了分位数之后，首先进行 SQ 检验及 DQ 检验，确定结构突变点个数及位置，结果见表4-6。

表4-6　结构突变点检验结果（加入消费变化率序列）

SQ 检验			
分位数	SQ（1｜0）	SQ（2｜1）	结构突变点
0.25	1.990**	1.340	2015.4
0.3	2.173**	1.675	2015.4
0.35	1.957**	1.538	2015.4
0.4	2.394**	1.444	2015.4
0.45	2.361**	1.364	2015.4
0.5	2.135**	1.532	2015.7
0.55	2.042**	1.402	2015.7
0.6	2.028**	1.354	2015.1
0.65	2.033**	1.315	2015.1
0.7	1.715**	1.986	2015.1
0.75	1.662**	1.798	2015.1
DQ 检验			
分位数	DQ（1｜0）	DQ（2｜1）	结构突变点
［0.25，0.75］	1.228**	0.912	2015.1

注：** 代表5%显著性水平。

SQ 检验结果表明，在 0.25—0.75 所有分位上统计量 SQ（1｜0）在1%水平上显著，而 SQ（2｜1）则不显著。因此，对于每一分位的回归方程均只存在一个结构突变点。在 0.25—0.45 分位，突变点为 2015 年 4 月；在 0.50—0.55 分位，突变点为 2015 年 7 月；在 0.60—0.75 分位，突变点为 2015 年 1 月。可以发现针对单一分位的 SQ 检验得到的突变点位置非常的接近，说明引发这一结构性突变外生冲击在每一分位上对回归方程影响呈现一致性。于是，我们进一步进行基于所有分位联合估计的 DQ 检验。结果表明统计量 DQ（1｜0）在 1% 水平上显著，DQ（2｜1）则不显著，结构突变点个数为 1，位置为 2015 年 1 月。

关于结构性突变点的检验结果与不纳入消费变化率时是高度相似的。我国在 2015 年 8 月进行了一次重要的汇率制度改革，将人民币汇率中间价前一日收盘价引入中间价形成机制，并且放宽汇率波动幅度。虽然内生估计的突变点位置与汇改发生时间点没有完全一致，但二者的差距相对于整个样本期是很小的。可以发现正是这一外生政策冲击直接引发了广义非抛补利率平价方程出现了结构性突变。其中蕴含的机理在于汇率制度的变革往往会引起汇率波动程度和汇率预期的变动，并由此而导致的经济主体决策的显著变化（包括对投资组合、消费水平等进行调整）。一方面，汇率预期变动改变非抛补利率平价扭曲程度；另一方面，经济主体决策的改变会直接或间接影响到非抛补利率平价方程中各个变量之间边际影响。最终结果就是在汇率改革时间点前后非抛补利率平价方程出现了结构性的突变。

分位数回归结果报告在表 4-7 和表 4-8。以结构性突变点（2015 年 1 月）为界限，式 4-29 呈现出两种不同区制，每一区制中系数估计值均不相同，代表了不同区制下变量之间关系出现差异。

表 4-7　带结构突变分位数回归结果（区制 I，加入消费变化率序列）

区制 I（2009 年 1 月—2015 年 1 月）						
分位数	β_0	β_1	β_2	β_3	β_4	伪 R^2
0.25	31.524***	−7.810***	1.126***	−16.930***	−7.328	0.740
	(11.804)	(−5.089)	(4.630)	(−10.111)	(−0.705)	
0.3	31.436***	−7.762***	1.131***	−16.873***	−7.363	0.722
	(11.965)	(−5.213)	(5.168)	(−10.246)	(−0.838)	
0.35	30.511***	−6.765***	1.235***	−16.194***	−3.962*	0.698
	(14.186)	(−5.572)	(5.870)	(−12.127)	(−1.980)	
0.4	30.004***	−7.278***	0.963***	−15.986***	−2.265**	0.677
	(16.163)	(−6.630)	(5.119)	(−13.775)	(−2.696)	

区制 I（2009 年 1 月—2015 年 1 月）						
分位数	β_0	β_1	β_2	β_3	β_4	伪 R^2
0.45	30.259***	−7.851***	0.876***	−16.214***	−0.977**	0.657
	(12.292)	(−5.231)	(3.993)	(−10.393)	(−2.157)	
0.5	31.596***	−8.752***	0.792***	−17.080***	−1.558**	0.637
	(13.425)	(−6.106)	(4.075)	(−11.425)	(−2.461)	
0.55	30.455***	−8.158***	0.795***	−16.345***	−0.921**	0.622
	(13.081)	(−5.715)	(3.821)	(−11.056)	(−2.701)	
0.6	30.147***	−8.094***	0.747***	−16.161***	−0.330**	0.607
	(14.157)	(−5.699)	(4.328)	(−11.751)	(−2.518)	
0.65	31.432***	−9.409***	0.916***	−17.078***	−3.396**	0.592
	(11.504)	(−5.546)	(4.267)	(−9.816)	(−2.746)	
0.7	29.748***	−8.671***	0.920***	−16.030***	−2.417**	0.577
	(13.053)	(−6.636)	(5.945)	(−11.118)	(−2.030)	
0.75	29.768***	−8.775***	0.886***	−16.057***	−1.665**	0.554
	(10.591)	(−4.776)	(5.082)	(−8.843)	(−2.515)	

注：回归系数下方括号内为 t 值，***、**、*分别代表 1%、5%、10%显著性水平。

表 4-7 回归结果表明，资本管制水平、通胀预期、汇率波动以及居民消费水平的变化会对利率—汇率动态关系产生显著的影响。相对而言，传统意义上的非抛补利率平价无法体现出这几个重要影响因素，因此，对于我国而言是不成立的。事实上，绝大部分前期研究均发现传统非抛补利率平价是不成立的，在这一点上本章的结果和这些研究是一致的。

2015 年 1 月之前，伪 R^2 在 0.53 以上，最高为 0.71，说明回归方程估计结果整体上高度显著并且解释力较强。从方程系数来看，居民本币资产占比、通胀预期和汇率三个变量在不同条件分位上，系数均达到 1%显著水平，居民消费变化这一变量在不同条件分位上，系数大多数情况达到 5%显著水平。所有分位上，四个变量符号保持不变，取值有所波动但基本保持稳定。说明这四个变量对于经汇率调整利率差的边际影响在条件分布低端至高端基本保持一致，不因选取分位数不同而发生变化。这一结果意味着回归方程所蕴含的利率—汇率动态关系在全样本上普遍存在的。同时，资本管制、汇率及通胀预期在条件分布的不同位置都对经过汇率调整利率差具备高度显著的边际影响，消费变化率相对而言显著性略低。主要是因为消费变化率对于利率—汇率波动和资本流动的影响是间接的，因此，对于非抛补利率平价产生影响的显著性水平要略低于其他三个变量。

消费变化率回归系数显著性水平在所有分位上是低于其他变量系数的。其显著性水平在大部分分位达到 5%，在较低分位上则是不显著的。这一结果说明虽然消费变化率是广义非抛补利率平价的重要影响因素，但其影响有限，纳入回归方程后伪 R^2 和其他变量系数仅出现细微数值上的差异，显著性水平不变。也即是说，在命题二的证明中对于这变量的近似处理并没有影响推理论证的准确性。

表 4-8 中区制 II 对应系数估计值几乎全部不显著，伪 R^2 在所有分位上均很小，在 2015 年 1 月—2017 年 6 月样本期内分位数回归并未得到有意义的结果。其中原因在于虽然分位数回归具备较好的小样本性质，但区制 II 样本数量过少，导致方程系数估计值存在极大偏误，并不能用作推断自变量对因变量边际影响。2015 年"811"汇改引发的政策冲击改变了广义非抛补利率平价方程中变量之间的边际影响，因而回归方程中系数在汇改前后发生突变。样本量的限制使得本章尚无法估计出汇改后有效的回归方程系数，并对汇改引发的非抛补利率平价方程结构性变化进行分析。但这将是作者后续进一步研究的方向，一旦能够获取足够数据样本，我们将会进一步进行汇改后广义非抛补利率平价相关实证研究。

表 4-8　带结构突变分位数回归结果（区制 II，加入消费变化率序列）

区制 II（2015 年 1 月—2017 年 6 月）					
分位数	β_0	β_1	β_2	β_3	β_4	伪 R^2
0.25	1.583	−1.204	−0.225	0.551	−7.233	0.036
	(0.350)	(−0.453)	(−0.633)	(0.258)	(−0.582)	
0.3	−2.583	−3.931	−0.391	2.426	4.212	0.046
	(−0.474)	(−1.197)	(−0.943)	(0.943)	(0.349)	

续表

区制 II（2015 年 1 月—2017 年 6 月）					
分位数	β_0	β_1	β_2	β_3	β_4	伪 R^2
0.35	−5.042 (−0.645)	−6.912 (−1.531)	−0.389 (−0.950)	3.416 (0.933)	3.938 (0.489)	0.056
0.4	−4.077 (−0.515)	−6.473 (−1.388)	−0.844* (−2.061)	2.192 (0.785)	21.765 (1.516)	0.063
0.45	−2.670 (−0.351)	−5.280 (−1.164)	−0.864** (−2.216)	2.332 (0.655)	16.482 (1.184)	0.104
0.5	−12.015 (−1.498)	−12.035 (−2.528)	−0.803* (−1.966)	6.563 (1.748)	17.172 (1.175)	0.141
0.55	−12.015 (−1.290)	−12.035** (−2.209)	−0.803 (−2.051)	6.563 (1.510)	17.172** (2.113)	0.149
0.6	−13.002 (−0.888)	−11.556 (−1.410)	−0.688 (−1.213)	7.232 (1.049)	4.538 (0.245)	0.174
0.65	−13.844 (−1.017)	−12.359 (−1.627)	−0.717 (−1.378)	7.595 (1.187)	4.208 (0.220)	0.198
0.7	−14.998 (−1.293)	−13.025* (−2.026)	−0.669** (−2.483)	8.133 (1.488)	4.790 (0.315)	0.213
0.75	−15.254 (−1.463)	−12.396** (−2.137)	−0.667** (−2.620)	8.383* (1.710)	−1.504 (−0.094)	0.221

注：回归系数下方括号内为 t 值，** 和 * 分别代表 5%和 10%显著性水平。

总的看来，实证结果一方面直接验证了前文理论推导得到的广义非抛补利率平价方程的存在性，另一方面也间接验证了前文基于该方程推导得出的两个命题。具体而言，自变量系数显著异于 0，其他条件不变时，汇率、资本管制、消费变动及通胀预期中任一变量波动越大，因变量的波动也就越大。回归方程中因变量是汇率调整后利率差，在经典利率平价理论中这一利差应等于 0，因此因变量波动越大表明非抛补利率平价扭曲程度越大。

四、稳健性检验

为了确认美元利率指标的选取是否会对估计结果产生显著影响，我们将实证分析中伦敦同业拆借利率重新进行了估计。结果表明，替换利率指标后，各变量系数、结构性突变点位置以及伪 R^2 几乎没有差异，并且显著性水平保持不变。本章理论模型中央行外汇储备变动并不直接影响非抛补利率平价。但是，前期多项研究中将央行外汇干预作为资本管制以外另一个重要政策层面的影响因素。本章参照谭小芬和高志鹏（2017）用外汇储备变动与狭义货币供应量（M1）之比作为央行外汇干预指标（记为 F_t）加入回归模型。对结构突变点的检验结果如表4-9所示。

表4-9 结构突变点检验结果（稳健性检验）

SQ 检验			
分位数	SQ（1|0）	SQ（2|1）	结构突变点
0.25	1.595*	1.676	2015.1
0.3	1.921**	0.999	2015.1
0.35	2.176**	1.294	2015.1
0.4	2.431**	1.406	2015.1
0.45	2.237**	1.474	2015.1
0.5	2.352**	1.118	2015.1
0.55	1.925**	0.976	2015.1
0.6	2.001**	1.255	2015.1
0.65	2.032**	1.126	2015.1
0.7	2.020**	1.280	2015.1
0.75	1.678*	1.323	2015.1
DQ 检验			
分位数	DQ（1|0）	DQ（2|1）	结构突变点
[0.25, 0.75]	1.242**	0.799	2015.1

注：**、*分别代表5%和10%显著性水平。

SQ 检验结果表明，在0.25—0.75所有分位上统计量SQ（1\|0）在1%水平上显著，而SQ（2\|1）则不显著。因此，对于每一分位的回归方程均只存

在一个结构突变点。且这一突变点均为 2015 年 1 月。说明引发这一结构性突变外生冲击在每一分位上对回归方程影响呈现一致性。于是，我们进一步进行基于所有分位联合估计的 DQ 检验。结果表明统计量 DQ（1｜0）在 1% 水平上显著，DQ（2｜1）则不显著，结构突变点个数为 1，位置为 2015 年 1 月。

稳健性检验回归方程如下：

$$\ln(RE_t) = \beta_0 + \beta_1 \ln\Xi_t + \beta_2 \ln E_t \pi_{t+1} + \beta_3 \ln e_t + \beta_4 \ln F_t + \varepsilon_t \qquad （式4-30）$$

其中 F_t 为央行外汇干预指标，等于各期外汇储备变动与狭义货币供应量之比。回归结果如表 4-10 和表 4-11 所示。

表 4-10　带结构突变分位数回归结果（区制 I，稳健性检验）

分位数	β_0	β_1	β_2	β_3	β_4	伪 R^2
区制 I（2009 年 1 月—2015 年 1 月）						
0.25	31.982***	−7.875***	1.078***	−17.240***	−0.010	0.731
	(10.262)	(−5.416)	(5.287)	(−8.944)	(−0.481)	
0.3	30.264***	−7.087***	1.135***	−16.146***	−0.002	0.718
	(11.529)	(−8.182)	(11.953)	(−10.198)	(−0.414)	
0.35	28.990***	−6.604***	1.121***	−15.349***	0.001	0.699
	(10.550)	(−5.012)	(5.339)	(−9.074)	(0.066)	
0.4	29.802***	−7.740***	0.970***	−15.998***	−0.012	0.678
	(13.223)	(−6.540)	(5.055)	(−11.385)	(−0.735)	
0.45	28.941***	−7.378***	1.047***	−15.459***	−0.008	0.657
	(12.915)	(−5.441)	(5.100)	(−10.870)	(−0.521)	
0.5	29.076***	−8.039***	0.793***	−15.627***	−0.013	0.638
	(14.574)	(−6.171)	(4.088)	(−12.203)	(−0.856)	
0.55	28.932***	−7.529***	0.970***	−15.448***	−0.006	0.622
	(14.701)	(−5.915)	(5.154)	(−12.248)	(−0.449)	
0.6	29.345***	−8.141***	0.792***	−15.743***	−0.001	0.606
	(13.296)	(−5.437)	(4.092)	(−11.033)	(−0.041)	
0.65	30.227***	−9.462***	0.853***	−16.455***	−0.003	0.593
	(12.810)	(−5.682)	(4.881)	(−10.703)	(−0.225)	

续表

区制 I（2009 年 1 月—2015 年 1 月）					
分位数	β_0	β_1	β_2	β_3	β_4	伪 R^2
0.7	30.041 ***	−9.358 ***	0.866 ***	−16.332 ***	−0.002	0.580
	(11.688)	(−5.180)	(9.439)	(−9.780)	(−0.379)	
0.75	29.364 ***	−8.889 ***	0.889 ***	−15.873 ***	−0.001	0.555
	(11.499)	(−5.537)	(5.160)	(−9.795)	(−0.100)	

注：回归系数下方括号内为 t 值，*** 代表 1% 显著性水平。

区制 I 的估计结果显示纳入央行外汇干预指标后，伪 R^2 和其他变量系数仅有细微变化，其他变量系数显著性水平不变，但是央行干预指标在统计上是不显著的。说明央行外汇干预这种政策性因素不会影响到广义非抛补利率平价的成立。表 4-11 中对于区制 II 的估计结果中虽然央行干预指标系数高度显著，但是却维持在一个很低的水平，表明模型并不具备解释力。

表 4-11　带结构突变分位数回归结果（区制 II，稳健性检验）

区制 II（2015 年 1 月—2017 年 6 月）					
分位数	β_0	β_1	β_2	β_3	β_4	伪 R^2
0.25	−28.375 ***	−18.563 ***	−0.147	14.196 ***	−0.161 ***	0.137
	(−4.527)	(−4.475)	(−0.469)	(5.014)	(−3.782)	
0.3	−27.469 ***	−18.096 ***	−0.024	13.777 ***	−0.162 ***	0.161
	(−4.362)	(−4.375)	(−0.075)	(4.835)	(−3.788)	
0.35	−26.655 ***	−17.690 ***	−0.053	13.411 ***	−0.157 ***	0.191
	(−3.497)	(−3.578)	(−0.131)	(3.881)	(−3.029)	
0.4	−22.506 ***	−16.015 ***	−0.232	11.446 ***	−0.139 ***	0.225
	(−2.810)	(−3.395)	(−0.670)	(3.099)	(−2.840)	
0.45	−22.506 ***	−16.015 ***	−0.232	11.446 ***	−0.139 ***	0.261
	(−3.141)	(−3.560)	(−0.692)	(3.507)	(−3.248)	
0.5	−21.028 **	−15.474 ***	−0.312	10.774 ***	−0.121 ***	0.291
	(−2.666)	(−3.281)	(−0.952)	(2.971)	(−2.812)	
0.55	−26.288 ***	−18.408 ***	−0.389	13.186 ***	−0.157 ***	0.306
	(−3.737)	(−4.452)	(−1.333)	(4.062)	(−4.185)	

续表

分位数	区制 II（2015 年 1 月—2017 年 6 月）					
	β_0	β_1	β_2	β_3	β_4	伪 R^2
0.6	−22.076***	−16.029***	−0.640*	11.322***	−0.121***	0.312
	(−2.978)	(−3.714)	(−2.052)	(3.304)	(−3.085)	
0.65	−26.021***	−18.062***	−0.455	13.154***	−0.143***	0.334
	(−3.312)	(−4.035)	(−1.569)	(3.602)	(−3.813)	
0.7	−24.845*	−17.465**	−0.436	12.606**	−0.139***	0.352
	(−2.039)	(−2.661)	(−1.451)	(2.204)	(−3.181)	
0.75	−24.603*	−17.342**	−0.432	12.493**	−0.138***	0.348
	(−1.976)	(−2.569)	(−1.403)	(2.141)	(−3.076)	

注：回归系数下方括号内为 t 值，*、**、*** 分别代表 10%、5%、1% 显著性水平。

总的来看，央行干预对于非抛补利率平价并无显著影响，资本管制才是关键影响因素。这与肖立晟和刘永余（2016）以及谭小芬和高志鹏（2017）的结论一致。这些结果表明本章实证分析结果是稳健的。

本章小结

本章在一般均衡框架下构建了包含资本管制的理论模型，通过求解家庭动态最优化问题得到了广义非抛补利率平价方程。理论推导发现，资本管制是传统意义上的非抛补利率平价失效的重要原因。资本管制的存在使得利率—汇率动态关系呈现为广义非抛补利率平价方程的形式。理论推导结果表明：不存在资本管制时，传统意义上的非抛补利率平价成立；存在资本管制时，管制力度的增加会直接提高非抛补利率平价扭曲的程度，同时，汇率、汇率预期以及通胀预期的波动也会对扭曲程度产生影响。此外，本章还通过基于带结构突变分位数回归的实证分析验证了上述理论模型推导得出的广义非抛补利率平价方程形式，确认了该方程与实际经济数据中蕴含利率—汇率动态关系是一致的，同时间接验证了在此基础上推导得到的推论。

肖立晟和刘永余（2016）已经指出，当前我国汇率制度和资本账户开放的改革措施已经在短期中面临越来越突出的矛盾。事实上，非抛补利率平价的长期扭曲会造成对外资产与负债回报率结构上的失衡，严重影响到我国外部经济的再平衡。因此，我国政策当局应当进一步推动金融的双向开放，即同时推进利率和汇率的市场化改革及资本账户的开放，以实现资源的合理配置及中国经济的内外部均衡。

下一章将在广义非抛补利率平价基础上构建存在资本管制、金融摩擦、有管理浮动汇率制度和强制结售汇制度的动态随机一般均衡模型。以经济福利水平为标准，探讨我国汇率制度改革和资本账户开放最优路径的选择。

第五章 利率平价偏离、资本账户开放与经济波动[*]

随着中国金融市场不断完善、利率市场化水平不断提高、汇率市场化程度不断加深，资本账户开放的呼声也不断提高。各国资本账户开放的实践表明，资本账户开放程度的提高对经济的影响不断加深和分化，如资本账户开放会显著提高新兴经济体的经济波动（熊衍飞等，2015；雷文妮和金莹，2017），增加金融风险（Prati 等，2012；方显仓和孙琦，2014；李欣欣和刘海龙，2015），促进经济增长的同时增加经济增长不稳定性（克莱因和奥利弗，2008；李巍和张志超，2008）。但中国作为世界最大的发展中国家，经济现实状况与其他国家存在较大差异，基于国际经验得到的资本账户开放对经济增长和经济波动的影响并不一定适用于中国（郭桂霞和彭艳，2016）。在实证分析的基础上，一些学者开始在动态随机一般均衡框架下讨论资本账户开放对经济波动产生影响的传导机制，如孙俊和于津平（2014）构建了一个包含长期资本流动和短期资本流动的动态随机一般均衡模型，分析中国鼓励国际直接投资和限制短期资本流动的经济政策对经济波动与社会福利的影响，结果表明中国目前的资本账户开放政策可能导致"低增长、高波动"的极端陷阱；杨小海等（2017）考虑对外股票投资构建动态随机一般均衡模型，研究结果表明资本账户开放会加速资本外流，因此政府应该谨慎开放资本账户；彭红枫等（2018）比较研究了不同汇率干预程度与资本账户开放程度的政策组合对宏观经济的影响，提出了汇率市场化与资本账户开放的路径；常等（2015）基于小国开放经济动态随机一般均衡模型的分析，表明资本账户开放将有助于中国货币当局稳定经济，减小经济波动。

现有研究从不同角度或者运用不同方法分析了资本账户开放对经济波动

---

[*] 本章部分内容已发表于《管理科学学报》2020 年第 8 期。

的影响，但大多数研究均忽略了中美利差与汇率升贴水的关系偏离甚至背离利率平价这一经济现实问题，也无法回答长期存在的美国加息、人民币贬值且短期资本流出的特点。图5-1描述了人民币与美元利差、汇率升贴水与中国短期资本流动①之间的关系，中美利差与汇率升贴水率之间的关系与利率平价相差甚远。2007年1月—2018年7月间，中美利差与汇率升贴水率相关系数为0.127，远小于利率平价理论成立时的相关系数1；而在2015年8月—2018年7月间，二者相关系数为-0.347，这与利率平价相背离；尤其是2016年10月，人民币加入特别提款权以来，二者的关系更是背离利率平价（阴影部分）。尽管少数学者如常等（2015）尝试从资产组合调整成本的角度对利率平价不成立现象进行了刻画，但它无法解释利差与升贴水率负相关关系，比如无法解释2015年8月—2018年7月人民币持续贬值而中美利差却逐渐上升的关系。另一方面，2013年8月中国短期资本流入达到最高值，随后尽管中美利差仍然为正，但中国资本开始外流，一直持续到2015年11月，中国短期资本净流出达到最大值。资本从高利率国家流向低利率国家这一特殊现象，是研究中国宏观经济波动必须正视的问题。

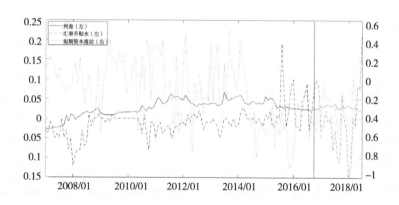

图5-1 中美利差、汇率与中国短期资本流动

注：数据均来源于中经网统计数据库。中国利率采用银行间同业拆借1月期加权平均利率；美国利率采用联邦基金利率；汇率采用人民币兑美元平均利率。

---

① 根据国际统计局国际统计信息中心（2005）关于短期资本流动的定义计算得到，即外汇储备变化量减去净出口和外商直接投资的净值。

人民币兑美元汇率与中美利差的关系背离利率平价而且资本从低利率国家向高利率国家流动的可能原因在于相对于本币而言，外币资产存在风险溢价（本币资产风险折价）。由于国际风险溢价的存在，本国居民购买外币资产获得的经过风险调整后的收益率可能大于本币资产收益率，即使外国无风险名义利率低于本国无风险名义利率，但国际风险溢价使得外币资产的有效收益率高于本币资产收益率，从而使得资本外流，且汇率变动与经过风险调整后的利差之间的关系与利率平价相近，简言之，国际风险溢价的变动可能是造成中美利差、汇率升贴水与资本流动之间的关系违背经济常识的原因。施密特·格罗和乌里韦（Schmitt-Grohe 和 Uribe，2003）对比了考虑国际风险溢价与无国际风险溢价模型对经济波动的拟合程度，结果表明考虑国际风险溢价的模型能更好地拟合现实经济；戴维斯和普雷斯诺（Davis 和 Presno，2016）在研究流动汇率制下资本控制与货币政策独立性的关系时也引入了国际风险溢价条件。

因此，基于现有文献的研究成果，考虑中国资本管制、强制结售汇、冲销干预等经济特征构建一个小国开放经济动态随机一般均衡模型，并借鉴施密特·格罗和乌里韦（2003）及戴维斯和普雷斯诺（2016）的方法引入国际风险溢价条件，分析利率平价偏离情况下美国利率变动对资本流动的影响，以及资本账户开放对经济波动和居民福利损失的影响。本章研究结论表明：（1）利率平价偏离程度上升会增加本国通胀风险，加剧经济波动，伴随居民福利水平下降，如果央行在制定政策时忽略国际风险溢价因素，将低估外国货币政策冲击对本国通胀、经济波动以及居民福利的影响。（2）考虑国际风险溢价的情况下，资本账户开放会减小本国通胀风险，降低本国经济波动，提高居民福利水平。因此，中国应该稳步推进资本账户开放。（3）在资本账户开放过程中，持续推进利率和汇率市场化改革，减小国际风险溢价水平，可以进一步提高资本账户开放的收益。

相对于已有研究，本章的主要贡献在于：第一，通过"居民持有有限数量的外汇"来刻画中国特有的强制结售汇制度，同时，通过"政府可以通过改变居民持有的外汇数量"来刻画政府的资本管制强度，从而体现中国外汇管理中这些显著的特点。第二，将国际风险溢价引入模型中，更好地解释了人民币汇率与中美利差关系对利率平价的偏离甚至背离，使得模拟的结果更加科学可信。

第一节　模型构建

一、家庭部门

假设本国由无数个家庭组成，这些家庭构成 [0，1] 上的连续统。每一个家庭通过消费、持有货币、休闲获得效用。代表性家庭跨期效用函数为：

$$U_t = E_t \sum_{k=0}^{\infty} \beta^k \left[\frac{C_{t+k}^{1-\sigma}}{1-\sigma} + \frac{1}{1-\chi} \left(\frac{M_{t+k}}{P_{t+k}} \right)^{1-\chi} - \frac{N_{t+k}^{1+\varphi}}{1+\varphi} \right] \tag{式5-1}$$

其中 β 是效用贴现因子，表示居民对时间的忍耐程度，β 越大，说明居民对时间的忍耐程度越大，特别地，当 $\beta = 1$ 时，此时当期效用和未来的效用相等，居民对时间的忍耐程度达到最大；σ 表示相对风险厌恶系数，也是跨期消费替代弹性的倒数；φ 表示劳动供给弹性的倒数；C_t 表示居民的消费量；M_t 表示名义货币余额，在居民效用函数中，货币以实际货币余额的形式为居民带来效用，因为实际货币余额反映了货币的购买力，即货币的购买力为居民提供效用；N_t 表示劳动时间，由于休闲可以为居民带来效用，而劳动为居民带来负效用，因此，效用函数中劳动项为负，表示劳动时间为居民带来的负效用，劳动时间越长，为居民带来的负效用越多。

家庭的预算约束为：

$$P_t C_t + M_t + B_t + \xi_t B_{Ht}^* = W_t N_t + M_{t-1} + R_{t-1} B_{t-1} + (1 - \tau_{t-1}) R_{t-1}^f \xi_t B_{Ht-1}^* + J_t + T_t$$

$$\tag{式5-2}$$

其中 B_t 表示本国家庭对本国无风险资产的购买量，B_{Ht}^* 表示本国家庭对外国无风险资产的购买量，W_t 表示名义工资水平，J_t 表示家庭拥有厂商所有权而获得的利润，T_t 表示政府转移支付和总量税的净值，ξ_t 表示名义汇率水平，R_t 表示本国无风险利率，R_t^f 表示经过国际风险调整的外币资产收益率，τ_t 表示政府对本国居民购买外币资产获得的收益征收的税率，衡量了本国政府对本国资本外流的控制程度。

本国家庭在预算约束下最大化跨期效用函数得到家庭消费—储蓄方程、货币需求方程、劳动供给方程，分别如下：

$$\beta E_t \left\{ \frac{C_{t+1}^{-\sigma}}{C_t^{-\sigma}} \frac{P_t}{P_{t+1}} \right\} = \frac{1}{R_t}, \quad \left(\frac{M_t}{P_t} \right)^{-\chi} C_t^{\sigma} = \frac{R_t - 1}{R_t}, \quad \frac{N_t^{\varphi}}{W_t} = \frac{C_t^{-\sigma}}{P_t} \qquad (式5-3)$$

以及经过资本管制调整的利率平价方程：

$$\frac{E_t \xi_{t+1}}{\xi_t} = \frac{R_t}{\tau_t R_t^f} \qquad (式5-4)$$

借鉴戴维斯和普雷斯诺（2016）的方法设定经过风险调整的外币资产收益率与外国无风险名义利率满足如下关系：

$$R_t^f = R_t^* \Gamma_t \qquad (式5-5)$$

其中 R_t^* 表示外国无风险名义利率，$\Gamma_t = 1 + e^{-\psi B_t^*}$ 表示国际风险溢价，B_t^* 表示本国持有外币资产总额。$\psi > 0$ 衡量了国际风险溢价随外币资产持有量变化而变化的速度，ψ 越大，外币资产持有量增加时国际风险溢价减小的速度越快。ψ 的大小与本国金融市场完善程度有关。

根据式5-5知，$R_t^f > R_t^*$，说明本国居民持有外币资产可以获得比外国无风险利率更高的收益，这部分收益来源于风险溢价。因此，式5-5称为风险溢价方程。根据施密特·格罗和乌里韦（2003），式5-5可以保证经济系统是平稳的。

二、生产部门

生产部门包括零售产品、中间产品及最终产品生产部门，零售产品生产部门使用本国和进口最终产品按照常数替代弹性（CES）函数加总得到零售产品并出售给消费者，最终产品生产部门使用中间产品生产最终产品并出售给零售产品部门和出口，中间产品生产部门利用劳动力生产中间产品并出售给本国最终产品生产部门。

（一）零售产品生产部门

零售产品生产部门是完全竞争的。厂商按照常数替代弹性函数将中间产品组合为最终产品，零售产品生产部门生产函数为：

$$Y_t = \left((1-o)^{\frac{1}{\eta}} Y_{Ht}^{\frac{\eta-1}{\eta}} + o^{\frac{1}{\eta}} Y_{Ft}^{\frac{\eta-1}{\eta}} \right)^{\frac{\eta}{\eta-1}} \qquad (式5-6)$$

其中 Y_{Ft} 表示进口最终产品，Y_{Ht} 表示本国最终产品，o 表示本国贸易开放度，也表示本国家庭对外国产品的偏好度（加利和莫纳切利，2005；恩格尔，2011），η 表示本国最终产品与进口最终产品之间的替代弹性。

零售产品部门生产的产品用于本国居民消费，因此，

$$Y_t = C_t \tag{式 5-7}$$

零售产品生产商通过成本最小化得到本国和进口最终产品的需求函数分别为：

$$Y_{Ht} = (1 - o)\left(\frac{P_{Ht}}{P_t}\right)^{-\eta} Y_t, \qquad Y_{Ft} = o\left(\frac{P_{Ft}}{P_t}\right)^{-\eta} Y_t \tag{式 5-8}$$

其中 P_{Ht}、P_{Ft} 分别表示本国和进口最终产品价格指数，

$$P_t = [(1 - o) P_{Ht}^{1-\eta} + o P_{Ft}^{1-\eta}]^{1/(1-\eta)} \tag{式 5-9}$$

为本国消费价格指数。

一价定律成立，因此进口价格指数是世界产品价格指数与名义汇率的乘积，即：$P_{Ft} = P_t^* \xi_t$，其中 P_t^* 表示世界产品价格指数，且假定世界产品价格指数 $P_t^* = 1$。

（二）最终产品生产部门

最终产品生产部门也是完全竞争的。最终产品厂商根据常数替代弹性函数加总中间产品得到最终产品 Y_{Ht}^S，即：

$$Y_{Ht}^S = \left[\int_0^1 Y_{Ht}^S (j)^{\frac{\varepsilon-1}{\varepsilon}} dj\right]^{\frac{\varepsilon}{\varepsilon-1}} \tag{式 5-10}$$

其中 $\varepsilon > 1$ 表示不同中间产品之间的替代弹性。

设中间产品 j 的价格水平为 $P_{Ht}(j)$，最终产品厂商在上述常数替代弹性加总函数的约束下最小化成本 $\int_0^1 P_{Ht}(j) Y_{Ht}^S(j) \, dj$ 得到中间产品 j 需求函数为：

$$Y_{Ht}^S(j) = \left(\frac{P_{Ht}(j)}{P_{Ht}}\right)^{-\varepsilon} Y_{Ht}^S \tag{式 5-11}$$

其中 $P_{Ht} = \left(\int_0^1 P_{Ht}(j)^{1-\varepsilon} dj\right)^{1/(1-\varepsilon)}$ 表示本国生产价格指数，$j \in [0, 1]$ 表示产品种类。

本国最终产品出售给零售厂商和出口，因此，

$$Y_{Ht}^S = Y_{Ht} + Y_{Ht}^* \qquad\qquad (式5-12)$$

其中 Y_{Ht}^* 表示最终产品出口量。

借鉴戴维斯和普雷斯诺（2016）的方法，本国厂商最终产品在外国出售的价格为 P_{Ht}/ξ_t，在 $P_t^* = 1$ 的假设下，出口产品需求函数为：

$$Y_{Ht}^* = \left(\frac{P_{Ht}}{\xi_t}\right)^{-\eta} Y^* \qquad\qquad (式5-13)$$

其中 Y^* 表示外国零售产品产量。

（三）中间产品生产部门

本国有无数个中间产品生产商，这些中间产品生产商构成 [0，1] 上的连续统。每一个中间产品生产商生产一种差异化产品，由于产品之间存在差异，是不完全替代的，所以中间产品厂商具有一定的垄断力量，具有一定的定价权。借鉴克拉里达等（Clarida 等，1999）、加利和莫纳切利（2005）、恩格等（Engel 等，2011）的研究，假设中间产品生产商仅使用劳动作为生产要素生产中间产品[1]，即中间产品生产商 j 的生产函数为：

$$Y_{Ht}^S(j) = A_t N_t(j) \qquad\qquad (式5-14)$$

其中 A_t 表示本国技术水平。技术水平是外生的，服从如下 AR（1）过程：

$$\log A_t - \log A = \rho_a(\log A_{t-1} - \log A) + \eta_t^a \qquad\qquad (式5-15)$$

其中 $\eta_t^a — iidN(0，\sigma_a^2)$，$\sigma_a^2$ 为技术水平的方差。

产品价格是黏性的，厂商根据卡尔沃（1983）设定产品价格，即每一期厂商有 $1-\theta$ 的概率重新设定产品价格，θ 概率保持价格不变。能够重新设定产品价格的厂商的利润最大化问题为：

$$\max_{\dot{P}_{Ht}} E_t \sum_{k=0}^{\infty} (\beta\theta)^k \frac{\Lambda_{t+k}}{\Lambda_t}(\dot{P}_{Ht} - P_{Ht+k}MC_{t+k})\dot{Y}_{Ht+k}^S(j), \quad s.t. \dot{Y}_{Ht+k}^S(j) =$$

$$\left(\frac{\dot{P}_{Ht}}{P_{Ht+k}}\right)^{-\varepsilon} Y_{Ht+k}^S \qquad\qquad (式5-16)$$

---

① 奥布斯菲尔德和罗格夫（Obstfield 和 Rogoff，1995）开创新开放宏观经济学时假设产出是劳动的线性函数，因而产出直接进入家庭效用函数，且为家庭带来负效用，贝尼尼奥和贝尼尼奥（Benigno 和 Benigno，2003，2006）用了这种假设，克拉丽达等（Clarida 等，1999）、加利和莫那切利（2005）、恩格尔（2011）、藤原和王（Fujiwara 和 Wang，2017）等建立在新开放宏观经济学框架下的研究则假设厂商仅使用劳动作为生产要素，进而引入价格黏性。

其中，$\Lambda_t = C_t^{-\sigma}/P_t$ 家庭最优化问题对应的拉格朗日乘子；$MC_t = W_t/(A_t P_{Ht})$ 表示实际边际成本；$\dot{P}_{Ht}$ 表示可以重新设定产品价格厂商设定的最优价格。

求解上述最优化问题可得最优价格水平为：

$$E_t \sum_{k=0}^{\infty} (\beta\theta)^k \Lambda_{t+k} \left(\dot{P}_{Ht} - \frac{\varepsilon}{\varepsilon - 1} MC_{t+k} P_{Ht+k} \right) \dot{Y}_{Ht+k}^S = 0 \qquad \text{（式 5-17）}$$

根据大数定律，经济中 θ 比例的厂商保持上一期价格不变，$1 - \theta$ 比例的厂商重新设定产品价格，则本国生产价格水平为：

$$P_{Ht} = [\theta (P_{Ht-1})^{1-\varepsilon} + (1 - \theta) (\dot{P}_{Ht})^{1-\varepsilon}]^{\frac{1}{1-\varepsilon}} \qquad \text{（式 5-18）}$$

设 $N_t = \int_0^1 N_t(j) \, dj_t$ 表示劳动总需求。将生产函数加总得到：

$$N_t = \frac{Y_{Ht}^S}{A_t} V_t \qquad \text{（式 5-19）}$$

其中 $V_t = \int_0^1 \left(\frac{P_{Ht}(j)}{P_{Ht}} \right)^{-\varepsilon} dj$ 表示价格分散度[①]。

三、政府部门与均衡条件

根据常等（2015），经常账户余额为：

$$ca_t = \frac{P_{Ht} Y_{Ht}^* - P_{Ft} Y_{Ft} + \xi_t (R_{t-1}^f - 1) B_{t-1}^*}{P_t} \qquad \text{（式 5-20）}$$

经常账户盈余（$ca_t > 0$）或赤字（$ca_t < 0$）意味着本国持有的外币资产上升或下降，即：

$$ca_t = \frac{\xi_t (B_t^* - B_{t-1}^*)}{P_t} \qquad \text{（式 5-21）}$$

外币资产分别由本国家庭和政府持有，因此：

$$B_t^* = B_{Ht}^* + B_{Gt}^* \qquad \text{（式 5-22）}$$

其中 B_{Gt}^* 表示本国政府持有的外币资产。在强制结售汇制度下，居民所

---

① 当厂商按照卡尔沃（1983）设定产品价格，不同厂商设定的产品价格存在差异（cross-section difference），价格分散度则衡量了价格的横截面方差。关于价格分散度的详细讨论见伍德福德（Woodford，2011）、加利和莫那切利（2005）。

得外汇须向政府兑换为本币，即本国居民仅能持有一定比例的外币资产，因此，设定：

$$B_{Ht}^* = \delta B_t^* \qquad\qquad (式 5-23)$$

其中 δ 表示外币总资产中私人部门持有量的比例。

为了便于分析，假设货币当局与政府统一为一个部门，即政府部门承担发行债券和货币、向家庭征税、制定货币政策等功能。因此，政府预算方程为：

$$M_t - M_{t-1} + B_t - R_{t-1}B_{t-1} + \tau_{t-1}R_{t-1}^f\xi_t B_{Ht-1}^* = \xi_t B_{Gt}^* - R_{t-1}^f\xi_t B_{Gt-1}^*$$

$$(式 5-24)$$

式 5-24 体现了政府的冲销干预政策。当经常账户余额增加（ $ca_t\uparrow$ ），本国持有的外币资产增加（ $B_t^*\uparrow$ ），由于资本流出控制（ τ_t ），家庭持有外币资产转移到政府部门，政府持有外币资产增加（ $B_{Gt}^*\uparrow$ ）。政府可以通过两种方式向私人部门购买外币资产：第一，发行货币（ $M_t\uparrow$ ）；第二，发行本国债券（ $B_t\uparrow$ ）。根据家庭跨期优化决策货币需求方程知，政府发行货币会导致产品价格上升（ $P_t\uparrow$ ），即增发货币会导致通胀；因此，政府会通过第二种方式即发行本币资产为购买外币资产融资，从而达到冲销干预的目的。

借鉴常等（2015）及戴维斯和普雷斯诺（2016）的设定，定义本国国内生产总值水平为：

$$GDP_t = Y_t + Y_{Ht}^* - Y_{Ft} \qquad\qquad (式 5-25)$$

第二节　经济均衡分析

一、经济稳态分析

基于模型设定可以求解模型稳态水平。稳态时外币资产持有量与商品净出口、经风险溢价调整的外币资产收益率稳态水平有关。结合外币资产稳态值方程与外币资产收益率方程得到：

$$B^* = \frac{X}{R^* \Gamma - 1}$$　　　　　　　　　　　（式5-26）

其中 $X = oC - Y^*$ 表示商品和劳务净进口稳态值，$\Gamma = 1 + e^{-\psi B^*}$ 表示国际风险溢价稳态值。

从式5-26可以看出，当 $X = 0$ 时，商品与劳务贸易实现收支平衡，则 $B^* = 0$，稳态时外币资产持有量为0；当 $X > 0$，稳态时本国商品和劳务净出口为负，则本国持有外币资产稳态值为正，即 $B^* > 0$。当商品和劳务贸易逆差时（$X < 0$），稳态时外资产持有量为负，即 $B^* < 0$。经济稳态时国际收支平衡，即贸易逆差时，持有外币获得的利息用于支付净进口产品所需的外汇；贸易顺差时，贸易所得外汇用于支付对外借款的利息，此时外币资产持有量为负，表示本国向外国借款。

外币资产持有量不仅与经常项目稳态有关，还与国际风险溢价水平相关，进而与参数 ψ 密切相关。当商品和劳务贸易逆差时（$X > 0$），$\psi\uparrow$ 使国际风险溢价下降（$\Gamma\downarrow$），则经过国际风险溢价调整的外币资产收益上升（$R^f\downarrow$），本国持有的外币资产收益率下降，给定需要支付的外汇（X）时本需要持有更多外币资产才能得到足够的外币收益来支付贸易逆差所需的外币，即外币资产持有量将增加（$B^*\uparrow$），因此，由于国际风险溢价下降使得外币资产收益率下降，本国需要购买更多的外币资产来为贸易逆差融资。当商品和劳务贸易顺差时（$X < 0$）时，为了实现国际收支平衡，商品和劳动贸易所获得的外币以资产收益的形式支付给外国居民，即本国向外国居民借款（$B^* < 0$）并向外国居民支付利息，$\psi\downarrow$ 使国际风险溢价上升（$\Gamma\uparrow$），经风险溢价调整的借款利率上升（$R^f\uparrow$），给定外汇收入时本国需要借入的外币下降（$|B^*|\downarrow$，$B^*\uparrow$）。

图5-2是稳态时国际风险溢价与外币资产持有量之间的关系，当 ψ 从0.0001上升至0.15时，当 $X > 0$ 时，贸易逆差，国际风险溢价不断下降，本国持有外币资产收益不断下降，外币资产持有量不断增加；当 $X < 0$ 时，贸易顺差，国际风险溢价不断上升，本国借款利率不断上升，本国借款不断下降。

结合外币资产持有量稳态水平与税收稳态方程得到：

$$B^* = \frac{\beta(1-\tau)X}{1-\beta(1-\tau)} = -\frac{1}{\psi}\log\left[\frac{1}{\beta R^*(1-\tau)} - 1\right]$$　　（式5-27）

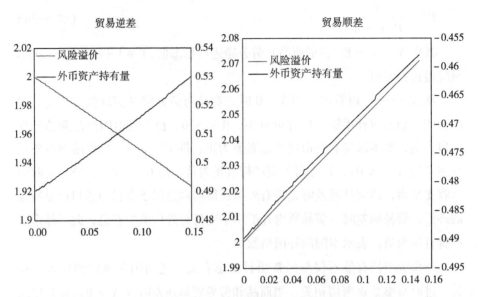

图5-2 风险溢价与外币资产持有量

式5-27第一个等式根据国际收支平衡求得，第二等式根据风险溢价方程求得。根据式5-27可得：

$$\frac{\partial B^*}{\partial \tau} = -\frac{\beta X}{[1 - \beta(1 - \tau)]^2} = -\frac{1}{\psi(1 - \tau)} \frac{1}{1 - \beta R^*(1 - \tau)} \qquad (式5-28)$$

式5-28第一个等式说明当政府降低资本管制（$\tau\downarrow$）时，经过国际风险溢价调整的外币资产收益上升（$R^r\uparrow$），给定贸易顺差额（$X < 0$）时本国持有的外币资产下降（$B^*\downarrow$）。第二个等式说明，给定外国利率水平，国际风险溢价上升（$\Gamma\uparrow$），根据国际风险溢价与外币资产持有量之间的单调关系可知，外币资产下降（$B^*\downarrow$）。因此，由于国际风险溢价的存在，政府降低资本管制时，外汇储备会加速下降。这与2014年以来随着中国资本账户开放度不断提高中国外汇储备持续下降的现象一致。

二、经济动态分析

用小写字母表示变量对稳态值的百分比偏离，如 $c_t = \log(C_t/C)$ 表示消费对稳态值的百分比偏离。将模型对数线性化，结合对数线性化结果可以对模型动态进行深入分析。为了方便描述，在不引起混淆的情况下，用简称描述对线性化后变量，如用"消费"描述 c_t，而非消费对稳态值的百分比偏离。结合本国组合产品 Y_H 需求方程式5-8，出口组合产品 Y_{Ht}^* 需求方程式5-13，本国最终产品均衡条件式5-12，本国零售产品均衡条件式5-7，以及价格指数方程式5-9得到：

$$y_{Ht}^S = \frac{Y_H}{Y_H^S}c_t + \frac{(Y^* + oY_H)}{Y_H^S}\eta s_t \qquad\qquad (式5\text{-}29)$$

其中 $s_t = p_{Ft} - p_{Ht}$ 是本国贸易条件，衡量进口产品与本国产品之间的相对价格。

式5-29说明了本国总产量与贸易条件、本国总消费之间的关系：当贸易条件上升时，进口产品价格相对于本国产品价格上升，本国产品获得价格优势，需求增加使得本国总产量增加，该效应称为贸易条件效应；当本国总消费上升时，本国产品需求上升，本国总产量上升，该效应称为需求效应。

结合国内生产总值方程式5-25，进口组合产品 Y_{Ft} 需求方程式5-8，出口组合产品 Y_{Ht}^* 需求方程式5-13，以及本国零售产品部门均衡条件式5-7得到：

$$c_t = \frac{Y_H^S}{Y_H}gdp_t - \frac{(Y^* + oY_H)}{Y_H}\eta s_t \qquad\qquad (式5\text{-}30)$$

式5-30说明了国内生产总值与本国总消费、贸易条件之间的关系。结合家庭劳动供给方程式5-3，厂商加总生产函数方程式5-19，以及方程式5-29、5-30得到：

$$\dot{w}_t - p_{Ht} - a_t = \left[\frac{Y_H^S}{Y_H}\sigma + \varphi\right]gdp_t - \left[\frac{(Y^* + oY_H)}{Y_H}\sigma\eta - o\right]s_t - (1 + \varphi)a$$

$$(式5\text{-}31)$$

其中 $\dot{w}_t = w_t - p_t$ 表示实际工资。

式5-31说明了本国实际边际成本与本国国内生产总值、贸易条件的关系。克拉丽达等指出开放经济对货币政策的影响主要体现在开放经济对厂商实际边际成本的影响。从式5-31可知，开放经济对本国实际边际成本的影响体现为贸易条件 s_t 的影响。

(1) $s_t\uparrow \rightarrow mc_t\uparrow$，　(2) $s_t\uparrow \rightarrow y_{Ht}^S\uparrow \rightarrow mc_t\uparrow$，　(3) $s_t\uparrow \rightarrow c_t\downarrow \rightarrow y_{Ht}^S\downarrow \rightarrow mc_t\downarrow$

开放经济中，s_t 对实际边际成本的影响通过以下三个渠道：第一，价格效应，$s_t\uparrow$ 使得 $p_{Ht}\downarrow$，进而 $mc_t\uparrow$；第二，需求效应，$s_t\uparrow$ 使得本国产品获得价格优势，本国产品需求增加 $y_{Ht}^S\uparrow$，进而 $mc_t\uparrow$；第三，替代效应，$s_t\uparrow$ 使得本国出口增加进口下降，净出口上升，给定 gdp_t 不变时，本国总消费 $c_t\downarrow$，本国产品总产量下降 $y_{Ht}^S\downarrow$，进而 $mc_t\downarrow$。s_t 对 mc_t 的影响取决于此三条渠道的综合影响。

结合经常账户余额方程式 5-20，出口组合产品 Y_{Ht}^* 需求方程式 5-13，进口组合产品 Y_{Ft} 需求方程式 5-8，本国零售产品部门均衡条件式 5-7，以及方程式 5-30 得到本国经常账户余额动态方程：

$$ca_t = \left((\eta-1)Y^* + \left(Y_H + \frac{(Y^*+oY_H)C}{Y_H}\right)\eta o\right)s_t - \frac{Y_H^S oC}{Y_H}gdp_t +$$

$$(oC - Y^*)b_{t-1}^* + B^*R^f r_{t-1}^f \tag{式5-32}$$

经常账户余额来源于两部分：第一，资产投资收益；第二，净出口。方程式 5-32 中，gdp_t 和 s_t 反映了商品与服务对经常账户余额的影响，s_t 对经常账户余额的影响与对本国实际边际成本的影响渠道是一致的，其净影响取决于三种渠道的综合影响；r_{t-1}^f 反映了经风险溢价调整的外币资产实际收益率对外币资产持有量的影响，当经风险调整的外币资产收益率越高，外币资产持有量越大。根据经常账户余额方程式 5-21 得到：

$$b_t^* = b_{t-1}^* + \frac{1}{B^*}ca_t \tag{式5-33}$$

结合方程式 5-32、5-33 和风险溢价方程式 5-5 得到外币资产持有动态方程：

$$b_t^* = \Lambda R^f b_{t-1}^* + R^f r_{t-1}^f + \left[\frac{Y^*}{B^*}(\eta-1) + \left(\frac{Y_H}{B^*} + \frac{(Y^*+Y_F)}{Y_H}\frac{C}{B^*}\right)\eta o\right]s_t - \frac{Y_H^S}{Y_H}$$

$$\frac{Y_F}{B^*}gdp_t \tag{式5-34}$$

其中 $\Lambda = 1 - \dfrac{\psi B^* e^{(1-\psi)B^*}}{1+e^{-\psi B^*}}$。

式 5-34 表示外币资产持有量动态方程。① 从方程式 5-34 知，除了 gdp_t、s_t 和 r_t^* 等因素通过经常账户余额对外币资产持有量产生影响外，风险溢价也会对外币资产持有量产生重要影响。参数 ψ 反映了风险溢价率随外币资产持有量上升而下降或上升的速度，当 $\psi > 0$ 时，风险溢价率随外币资产持有量的增加而下降，由于：

$$\Lambda < 1 \text{ 且 } \lim_{\psi \to \infty} \Lambda = 1,$$

外币资产持有量的积累速度小于无风险溢价率时外币资产持有量积累速度，且随着 ψ 上升，外币资产积累速度增加，当 $\psi \to \infty$ 时，风险溢价效应消失。这是因为，随着外债水平增加，外债收益率下降，本国家庭或政府会减少外币资产持有量，从而降低外债积累速度，而且 ψ 越大，风险溢价下降的速度越慢，本国家庭或政府减少购买外币资产的动机越小，使得外币资产持有量积累速度不断增加。反之，当 $\psi < 0$ 时，即外币资产持有量越高，风险溢价水平越高，则外币资产持有量积累速度加快。

本章以政府对本国居民购买外币资产所得收益征税的方式实施资本管制，税收比率 τ 越高说明政府对资本控制程度越强，当政府降低该税率时说明政府放松资本管制。根据前文的分析，当政府放松资本管制时（$\tau \downarrow$），外币资产持有量稳态水平值下降（$B^* \downarrow$），由于：

$$\frac{\partial \Lambda}{\partial B^*} = -\frac{\psi e^{(1-\psi)B^*}[(1+B^*)(1+e^{-\psi B^*}) - \psi B^*]}{(1+e^{-\psi B^*})^2} < 0, \quad （式 5-35）$$

$\Lambda \uparrow$，因此，外币资产的积累速度增加。

结合定价方程式 5-17、价格指数方程式 5-18 和方程式 5-31 得到：

$$\pi_{Ht} = \beta E_t \pi_{Ht+1} + \kappa\left[\frac{Y_H^S}{Y_H}\sigma + \varphi\right]gdp_t - \kappa\left[\frac{(Y^* + oY_H)}{Y_H}\sigma\eta - o\right]s_t -$$

$$\kappa(1+\varphi)a_t \quad （式 5-36）$$

方程式 5-36 称为新凯恩斯菲利普斯曲线，刻画了通胀与产出缺口之间的关系，描述了经济的供给面，当产出上升（$gdp_t \uparrow$）时，本国生产价格通胀上升。

结合家庭跨期决策方程式 5-3 和方程式 5-31 得到：

---

① 由于外国产品价格为 1，外币资产名义金额与实际金额一致。

$$gdp_t = E_t gdp_{t+1} - \frac{Y_H}{Y_H^S} \frac{1}{\sigma}(r_t - E_t \pi_{Ht+1}) - \left[\frac{(Y^* + oY_H)}{Y_H^S} \eta - \frac{Y_H}{Y_H^S} \frac{o}{\sigma} \right] E_t\{\Delta s_{t+1}\}$$

（式 5-37）

式 5-37 称为动态 IS 曲线，刻画了产出缺口与利率之间的关系，描述了经济的需求面，当本国利率水平上升（$r_t \uparrow$）时，家庭会增加储蓄减少消费，经济需求下降（$c_t \downarrow$），产出下降（$gdp_t \downarrow$）。

根据家庭跨期决策方程式 5-3、方程式 5-31 得到：

$$\hat{m}_t = \frac{Y_H^S}{Y_H} \frac{\sigma}{\chi} gdp_t - \frac{(Y^* + oY_H)}{Y_H} \frac{\sigma \eta}{\chi} s_t - \frac{\beta}{\chi(1+\beta)} r_t$$

（式 5-38）

其中 $\hat{m}_t = m_t - p_t$ 表示实际货币余额。

式 5-38 是实际货币余额决定方程，与利率负相关，与产出缺口正相关，在开放经济条件下，还与贸易条件相关，且与贸易条件负相关。

政府预算方程式 5-24 整理得到：

$$\hat{b}_t = R\hat{b}_{t-1} + R r_{t-1} + \frac{B_G^*}{} b_t^* - \left[R - 1 + \frac{B_G^*}{} \right] (b_{t-1}^* + r_{t-1}^f) - \frac{\tau R^f B_H^*}{} \tau_{t-1}$$
$$- (\hat{m}_t - \hat{m}_{t-1}) - (+R)(\pi_{Ht} + o(s_t - s_{t-1})) + (1-R)(1-o)s_t$$

（式 5-39）

其中 $\hat{b}_t = b_t - p_t$ 表示本币资产实际金额。

式 5-39 描述了本国资产 $\hat{b}_t$ 动态方程。它受到本国收益率 r_{t-1} 的影响，本国实际收益率越高，本国债券需求越大；资本控制程度越高（$\tau_{t-1} \uparrow$），居民对外币资产的需求越低（$\hat{b}_{Ht}^* \downarrow$），由于替代效应，本国债券需求上升（$\hat{b}_t \uparrow$）；政府持有外币资产（$\hat{b}_{Gt}^*$）与本国债券发行量正相关，这体现了政府冲销干预的货币政策，当政府购买外币资产上升（$\hat{b}_{Gt}^* \uparrow$），政府通过发行本国债券为购买外币资产融资，使得（$\hat{b}_t \uparrow$）；外币资产收益率上升（$r_{t-1}^f \uparrow$）时，由于替代效应，家庭会持有更多的外币资产从而减少对本国债券的持有量，即（$\hat{b}_t \downarrow$）；本国货币供应量上升（$\hat{m}_t - \hat{m}_{t-1} \uparrow$）时，政府可以减少本国债券发行量，从而（$\hat{b}_t \downarrow$）。

结合贸易条件定义，调整的利率平价方程式 5-4，以及风险溢价方程式

5-5 得到：

$$(1-o)\,E_t s_{t+1} - (1-2o)\,s_t - o s_{t-1} + \pi_{Ht} = r_t - r_t^* + \frac{\psi B^* e^{(1-\psi)\,B^*}}{1+e^{-\psi B^*}} b_t^* + \frac{\tau}{1-\tau}\tau_t$$

（式 5-40）

式 5-40 描述了贸易条件动态方程。假设政府根据泰勒规则实施货币政策，即：

$$r_t = \varphi_{gdp} gdp_t + \varphi_\pi \pi_{Ht}$$

（式 5-41）

其中 φ_{gdp} 表示名义利率对本国 gdp_t 的反应系数；$\varphi_\pi > 1$ 表示名义利率对本国生产价格通胀 π_{Ht} 的反应系数。

外国无风险利率水平外生，服从如下 AR（1）过程：

$$r_t^* = \rho_{r*} r_{t-1}^* + \eta_t^{r*}$$

（式 5-42）

其中 $\eta_t^{r*} - iidN(0,\ \sigma_{i*}^2)$，$\sigma_{i*}^2$ 表示外国无风险利率方差。

政府对本国居民购买外币资产收益征税的税率外生，服从如下 AR（1）过程：

$$\tau_t = \rho_\tau \tau_{t-1} + \eta_t^\tau$$

（式 5-43）

其中 $\eta_t^\tau - iidN(0,\ \sigma_\tau^2)$，$\sigma_\tau^2$ 表示税率方差。

式 5-34 至式 5-41 构成一个包含 $\{gdp_t,\ \pi_{Ht},\ s_t,\ b_t^*,\ \hat{b}_t,\ \hat{m}_t,\ r_t\}$ 七个内生变量的封闭的描述本国经济的动态系统，该动态系统受到 $\{a_t,\ r_t^*,\ \tau_t\}$ 三个外生冲击的影响。根据本章模型的构建过程得知，该经济系统反映了中国如下经济特征：

1. 反映了中国强制结售汇制度，本国居民只能持有一定比例的外汇；

2. 反映了中国资本管制的现实情况，资本控制降低了居民持有外币资产的收益，减小了居民购买外币资产的动机；

3. 刻画了汇率风险溢价特点，使得汇率升水率与中外利差之间的相关系数小于1，这更切合中国现实情况；

4. 反映了货币当局冲销干预的汇率政策，货币当局通过发行本国债券为购买外币资产融资，避免了发行货币导致的通胀。

第三节 资本账户开放、经济波动与居民福利

货币当局的目标是使居民福利最大化，换言之，使居民福利损失最小化，即货币当局的目标为：

$$\min E_t \sum_{k=0}^{\infty} \beta^k L_{t+k}$$

其中 L_t 表示居民的当期福利损失函数。

关于福利损失函数的形式，不同学者基于不同的假设得到了不同的形式。克拉里达等（1999）在研究封闭经济中货币当局最优货币政策时给定居民福利损失函数是产出缺口和通胀的加权平方和，即 $L_t = \alpha x_t^2 + \pi_t^2$，$\alpha$ 表示产出缺口的权重。克拉里达等（2002）讨论开放经济下货币当局最优货币政策时在开放经济条件下推导了居民福利损失函数，其形式与封闭经济一致。同样在开放经济条件下，恩格（2011）推导了居民福利损失函数，结果表明居民福利损失函数是产出缺口、通胀和汇率失调（Currency Misalignment）的加权平方和。但以上两篇文献均是在假设资本自由流动的情况下推导的居民福利损失函数，戴维斯和普雷斯诺（2016）在存在资本管制的情况下给出了小国经济中居民福利损失函数，其形式与克拉里达等（1999）一致。根据已有学者的研究成果以及本国模型的设定，本章借鉴戴维斯和普雷斯诺（2016）的方法设定居民福利损失函数，即：

$$L_t = \pi_{Ht}^2 + \delta gdp_t^2 \qquad\qquad (式5-44)$$

由于模型设定较为复杂，难以求得模型解析解，但可以通过数值模拟求得模型的数值解。在求解模型之前，先对模型参数进行校准，国内外关于开放经济波动的研究十分丰富，借鉴已有研究的成果对本章模型参数进行校准。以上海银行间同业拆借利率 3 个月期利率作为中国名义利率的代理变量，使用 2006 年第 4 季度至 2017 年第 3 季度均值作为利率稳态水平，则 $\beta = 1/R = 0.99$。张（2009）设定 σ 值为 2，唐琳等根据中国数据估计的结果为 2.21，本章取其均值，即 $\sigma = 2.11$。本章使用张（2009）的估计结果设定 $\chi = 3.31$。本章采用王彬等（2014）估计的结果设定 $\varphi = 1.99$。金雪军等（2013）使用中国数据的实证分析表明中国产品价格约 4.5 个月调整一次，

这相当于产品价格黏性系数为 0.33，唐琳等（2016）的估计结果为 0.65，加利和莫纳切利（2005）设定该系数为 0.75，取三者的均值，本章设定 $\theta = 0.57$。本章借鉴张（2009）的结果设定 $\varepsilon = 4.61$。样本期内进口产品总额占本国最终消费的比例为 0.37，设定贸易开放度 $o = 0.37$。本章借鉴戴维斯和普雷斯诺（2016）设定 $\psi = 0.015$，设定 $\delta = 0.1$。根据泰勒（1993）设定 $\varphi_{gdp} = 0.5$，$\varphi_{\pi} = 1.5$。本章参数校准结果见表 5-1。

表 5-1　参数校准结果

参数	值	参数	值	参数	值	参数	值	参数	值
β	0.99	σ	2.11	χ	3.31	φ	1.99	θ	0.57
ε	4.61	η	0.25	o	0.37	ψ	0.015	φ_{π}	1.5
φ_{gdp}	0.5	ρ_a	0.88	δ	0.1				

一、国际风险溢价、经济动态与居民福利损失

从模型稳态与动态分析中可以看到，国际风险溢价会显著影响模型稳态和动态，且贸易顺差与逆差对国际风险溢价的经济效应有显著影响，为了反映中国持有大量外汇储备的经济现状，模型对外生变量 A 和 Y^* 进行设定使得 $X > 0$，此时 $B^* > 0$。本章首先对模型进行一阶近似，然后使用布兰查德和卡恩（Blanchard 和 Kahn，1980）提出的理性预期线性差分方程解法对模型进行求解。为了刻画国际风险溢价变化对经济均衡的影响，本章分别设定 ψ 为 0.015、0.03、0.045、0.06、0.075、0.09 六组值对模型进行求解，基于篇幅的限制与图片的清晰度，只汇报模型 ψ 为 0.015、0.045、0.09 时的求解结果（见图 5-3）。图 5-3 是外国利率冲击的脉冲反应。

从图 5-3 可以看出，当外国货币当局加息时，外币资产持有量先上升，然后下降并逐渐回归到稳态水平，表现为"钟"型形态。外国货币当局加息使名义汇率上升（本币贬值），进而产品进口价格上升，出口价格下降，本国对进口产品需求下降，外国对本国产品需求上升，进而导致本国净出口增加，贸易出现顺差，外汇收入增加；增加的外汇收入用于购买外币资

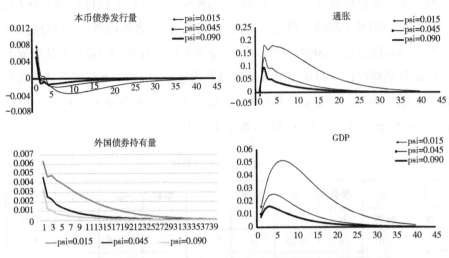

图 5-3　不同国际风险溢价下经济变量对外国利率冲击的脉冲反应

产，进而外币资产收益增加，进一步增加外汇收入，外币资产持有量进一步上升。因此，外币资产持有量表现为"钟"型形态。这与中国 2017 年以来，美国加息、人民币币值以及外汇储备回升的特征一致。本国债券发行量与外币资产持有量表现一致的动态变化，这与央行冲销干预的汇率政策相一致。

外国货币当局加息造成的汇率变化使净出口增加，同时，由于替代效应本国家庭对本国产品需求上升，因此，本国国内生产总值立即上升。但国内生产总值脉冲反应存在反向调整，即国内生产总值下降，且国际风险溢价越高，国内生产总值下降越大。这是因为国际风险溢价越高，外国货币当局加息冲击使本国持有外币资产量越高，本国货币当局会发行更多本国债券进行冲销，本国居民购买本国债券，增加储蓄减少消费，进而使国内生产总值下降。因此，高水平国际风险溢价会加剧本国经济波动。

外国货币当局加息冲击通过汇率使贸易条件上升，贸易条件上升通过三条渠道作用于本国实际边际成本并导致通胀上升，该三条渠道在经济动态分析中已详细说明，此处不再赘述。从脉冲反应可以看出，国际风险溢价越高，通胀反应幅度越大，回到稳态时间越长。

从经济稳态分析可知，当国际风险溢价参数上升（$\psi\uparrow$）时，稳态时国际风险溢价下降（$\Gamma\downarrow$），并使用外币资产持有量稳态水平上升

（$B^*\uparrow$）；根据式5-34分析，外币资产持有量积累速度下降（$\Lambda\downarrow$）。从脉冲反应可知，当国际风险溢价参数上升时，外币资产持有量上升幅度下降，且回到稳态的速度加快。

为了衡量国际风险溢价对经济波动的影响，基于模型均衡解可以计算经济变量的二阶矩（方差和协方差），二阶矩计算结果见表5-2。可以看出，随着国际风险溢价参数不断增加（$\psi\uparrow$），通胀波动率和国内生产总值波动率均不断减小，即给定资本账户开放程度下通胀风险和产出波动随国际风险溢价下降而减小。然而，从中国经济数据可以看出，国际风险溢价显著存在，如果货币当局忽略国际风险溢价的存在（$\psi\to\infty$），则会严重低估资本账户开放过程中外国加息冲击对本国造成的通胀风险和经济波动。

表5-2　国际风险溢价与经济波动

	$\psi=0.015$	$\psi=0.03$	$\psi=0.045$	$\psi=0.06$	$\psi=0.075$	$\psi=0.09$
$var(\pi_t)$	2.34	0.89	0.49	0.31	0.22	0.17
$var(gdp_t)$	2.41	1.12	0.75	0.57	0.47	0.4

注：表中数据单位为e-4。

本章借鉴伍德福德（Wordford，2011）的方法将居民福利损失函数转换为无条件方差，即：

$$E_t\sum_{k=0}^{\infty}\beta^k L_{t+k}=var(\pi_t)+\delta var(gdp_t) \qquad\text{（式5-45）}$$

基于上述通胀和国内生产总值波动率可以计算本国经济居民福利损失。戴维斯和普雷斯诺（2016）设定$\delta=0.1$，基于稳健性检验的考虑，本章还设定δ为0.5、1、1.5计算了居民福利损失值，计算结果见图5-4。从图5-4可以看出，当$\delta=0.1$时，随着ψ逐渐增加，国际风险溢价逐渐下降，居民福利损失逐渐下降，即居民福利损失与国际风险溢价正相关。货币当局如果忽略国际风险溢价（$\psi\to\infty$）时，则会严重低估居民福利损失程度。当δ分别取0.5、1、1.5时，该结果依然成立，说明该结果稳健。

结合表5-2和图5-4的结果可知，给定资本账户开放程度时，国际风险溢价越大，经济通胀风险和经济波动越大，居民福利损失越大。如果货币当局忽略国际风险溢价，则会严重低估外国货币当局加息冲击对本国通胀风险和经济波动的影响，以及对居民福利水平的影响。

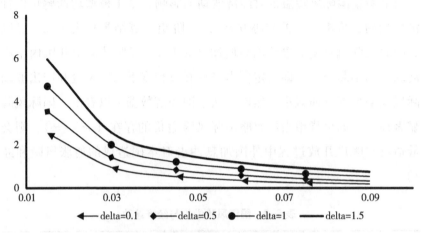

图 5-4 国际风险溢价与居民福利损失

注：横坐标表示国际风险溢价参数 ψ 的值。

二、资本账户开放与经济动态

求解不同资本账户开放程度下经济均衡的方法与上述方法一致，为了刻画资本账户开放程度对经济波动和居民福利损失的影响，本章设定政府向本国家庭购买外币资产所得收益征收的税率（τ）分别为5%、10%、15%、20%、25%、30%六个层次，税率越高，说明资本账户开放程度越低。基于模型求解结果，可得到不同资本账户开放程度下外国货币当局加息冲击后本国经济波动的脉冲反应（见图5-3）。

从图5-5知，存在资本账户管制时，外国货币当局加息冲击使得外币资产持有量先上升后下降，表示出"钟"型形态。从前文的分析可知，外国货币当局加息使本国贸易顺差，外汇收入增加，外币资产持有量增加，进而外币资产收入增加使外币资产持有量进一步增加，因而呈现出"钟"型形态。从模型稳态分析可知，无论是基于国际收支平衡条件还是国际风险溢价条件，政府降低资本管制（$\tau\downarrow$），本国持有外币资产稳态水平上升（$B^*\uparrow$），根据式5-34分析知外币资产持有量积累速度下降（$\Lambda\downarrow$），因此，外币资产持有量反应幅度下降，回到稳态水平的速度加快。本国债券发行量与外币资产持有量表现出类似的形态特征，这与中国冲销干预的汇率政策一致。

从国内生产总值的脉冲反应可以看出，在外国货币当局初期，由于汇率改变了进出口价格使国内生产总值立即上升，但之后国内生产总值出现反向调整，且资本管制越强，国内生产总值下降幅度越大。这是因为，资本管制程度越高，外国货币当局加息使本国外汇储备增加越多，本国货币当局为了冲销干预会增发本国债券，这些债券由本国居民持有，即本国居民储蓄增加，消费减少，经济需求下降。因此，资本账户管制会阻碍本国经济增长。从通胀的脉冲反应可以得到与国内生产总值反应类似的结论，资本账户管制程度越大，通胀反应幅度越大，回到稳态时间越长，因此，资本账户管制会增加本国通胀风险。

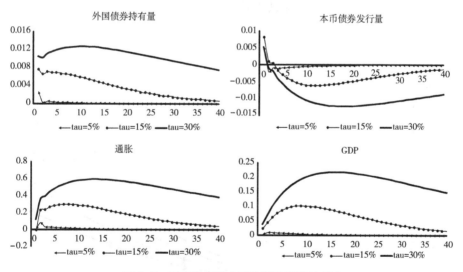

图 5-5　不同资本账户开放程度下脉冲反应

基于模型求解结果可以计算经济变量二阶矩条件，计算结果见表 5-3。从表 5-3 可以看出，随着资本管制程度下降（$\tau\downarrow$），通胀和国内生产总值波动率逐渐减小，这说明给定国际风险溢价时，随着资本账户开放逐渐提高，通胀风险和经济波动逐渐下降。

表 5-3　资本账户开放与经济波动

	$\tau = 30\%$	$\tau = 25\%$	$\tau = 20\%$	$\tau = 15\%$	$\tau = 10\%$	$\tau = 5\%$
var(π_t)	85.12	48.81	24.07	9.38	2.34	0.09
var(gdp_t)	83.56	47.37	22.93	8.8	2.41	0.37

注：表中数据单位为 e-4。

　　基于不同资本账户开放条件下通胀和国内生产总值波动率可以计算居民福利损失。与分析国际风险溢价下居民福利损失一致，本章借鉴戴维斯和普雷斯诺（2016）设定 $\delta = 0.1$，并以 δ 为 0.5、1、1.5 作为稳健性检验。不同资本账户开放程度下本国居民福利损失结果见图 6-5。从图 6-5 可以看出，随着资本账户开放程度不断提高（$\tau\downarrow$），居民福利损失不断下降，这说明资本账户开放可以提高居民福利水平。

　　结合表 5-3 和图 5-5 结果可知，给定国际风险溢价水平时，资本账户开放有效降低外国货币当局加息造成的通胀风险和经济波动，并可以提高居民福利水平。

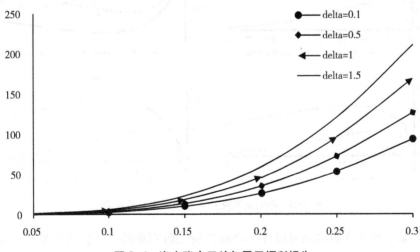

图 5-6　资本账户开放与居民福利损失

本章小结

2015 年 8 月以来，人民币持续贬值，人民币兑美元汇率长期贴水，但中美利差却不断上升，二者的关系偏离利率平价，2016 年 10 月以来二者关系甚至严重背离利率平价，现有关于资本账户开放的研究往往忽略了这一现象，因而难以解释中国高利率却资本外流以及美国加息期间资本回流的现象。为了弥补现有研究的不足，本章基于中国经济特征，借鉴戴维斯和普雷斯诺（2016）的方法引入国际风险溢价，构建一个小国开放经济动态随机一般均衡模型研究资本账户开放对经济波动和居民福利的影响，从理论分析和脉冲反应看本章模型与美国加息期间人民币贬值、短期资本回流等现象高度切合。

本章从经济稳态和经济动态两个角度对模型的传导机制进行了理论分析，结果表明给定贸易余额时，国际风险溢价下降和资本管制减弱均会促进稳态时外汇储备增长，但会降低动态时外币资产持有量的积累速度。在理论分析的基础上本章通过模型数值解深入分析外国货币政策冲击对本国经济均衡的影响，结果表明：

第一，国际风险溢价和资本管制会加剧本国经济波动。从脉冲反应结果看，国际风险溢价和资本管制使本国外汇储备积累速度增加，本国政府发行更多的债券为购买外汇融资，居民增加储蓄减少消费，降低社会需要并加剧经济波动。

第二，国际风险溢价增加本国通胀风险，加剧经济波动，伴随居民福利水平下降。从数值模拟结果看，国际风险溢价参数从 0.09 下降到 0.015（参数越小，国际风险溢价越高），本国通胀波动率增加了 1276.5%（从 0.17 上升到 2.34），国内生产总值波动率增加了 502.5%（从 0.4 上升到 2.41），居民福利损失增加了 1128.6%（从 0.21 上升到 2.58）。因此，如果央行忽略国际风险溢价，将低估本国通胀风险和经济波动，以及居民福利损失。

第三，资本账户开放会减小本国通胀风险，降低本国经济波动，提高居民福利水平。从数值模拟结果看，资本管制从 30% 下降到 5%，本国通胀波动率下降了 99.9%（从 85.12 下降到 0.09），国内生产总值波动率下降了 99.6%（从 83.56 下降到 0.37），居民福利损失下降了 99.9%（从 93.47 下降到 0.13）。

本章的分析表明资本账户开放有利于降低外国货币政策冲击对本国经济的影响，稳定本国经济，提高居民福利，中国应该坚持资本账户开放政策。然而，由于中国资本市场还不完善、利率和汇率市场化水平还不够高，国际风险溢价水平较高，外国货币政策冲击通过国际风险溢价对本国经济的影响较大，因此，中国在资本账户开放过程中应持续推进利率和汇率市场化改革，降低国际风险溢价水平，减小外国货币政策冲击对本国经济波动和通胀波动的影响，增加资本账户开放的收益。

第六章 汇率市场化与资本账户开放的路径选择[*]

从已有文献看，国外学者对于汇率制度改革与资本账户开放路径选择等问题的研究较少，主要集中在汇率制度选择与经济福利的关系、放松资本管制的经济效果以及不同汇率制度与资本管制的政策搭配的效果上。从汇率政策方面来看，德保利（2009）在完备市场假设基础上构建了小国开放经济模型，通过包含汇率波动的福利损失函数证明了汇率波动与经济福利之间存在密切联系，并且指出小型经济体最优货币政策需要同时针对产出、通货膨胀以及汇率波动作出反应。麦金农与施纳布尔（2009）则认为由于货币错配，浮动汇率制对于中国并不合适，而且也无助于降低中国持续贸易顺差。他们主张更加稳定的汇率形成机制比完全浮动汇率制度更适合中国国情，配合扩张的财政政策能够有效促进经济增长并减少贸易顺差。

针对政府的资本管制政策，部分学者认为取消管制政策有利于提升一国生产效率和经济产出（戈德斯坦和拉迪，2006；宋等，2014）。但是，如果同时考虑汇率与资本管制政策，结论就并非如此简单。辛格和苏拉曼尼亚（2008）在小国开放经济模型框架下分析了短期的汇率稳定和资本管制政策，发现这样一个政策组合有利于抑制经济周期波动，虽然并非最优选择但可让经济实现"次优"均衡。内尼尼奥等（2016）认为只有在汇率政策成本较小时，浮动汇率制效率最高，资本管制必要性降低。但当汇率政策面临较大成本时，资本管制和汇率干预的政策组合能够获得更高福利水平。常等（2015）则基于开放经济动态随机一般均衡的框架，探讨了在固定汇率或者浮动汇率制度下，资本管制和冲销政策对宏观经济变量的潜在影响。结论表

---

[*] 本章部分内容已发表于《世界经济》2018 年第 8 期，并被中国人民大学《国际货币评论》全文转载。

明，当政府实施浮动汇率制并且取消资本管制时经济福利水平达到最高，但是这一模型没有涉及我国当前所实行的有管理浮动汇率制度，也没有对金融改革推进的路径选择展开分析。

然而，部分学者对不同汇率制度下资本管制的效果持有不同观点。北野（2011）在固定汇率制度的假设下，构建了一个适用于小国开放经济的动态随机一般均衡模型，模型通过设定面临运营成本的银行体系吸收外币存款为本国居民及企业提供借贷以及针对外债水平征税这两个渠道引入资本管制的概念。这一研究表明，完全资本流动不一定是最优选择，银行体系低效时资本管制反而能使经济体达到更高的福利水平。但值得注意的是，北野（2011）模型也存在一定不足之处，例如对于银行体系吸收外币存款的假设脱离实际，结论是在固定汇率制度的前提下得到的，稳健性值得商榷。

近年来国内很多学者对金融市场化改革的路径选择展开讨论，所得结论并不一致。张春生、蒋海（2015）、陈创练等（2017）以及陈中飞、王曦和王伟（2017）认为，我国金融改革路径模式有如下几种可选项：（1）利率市场化→汇率市场化→资本账户开放模式；（2）利率市场化→资本账户开放→汇率市场化模式；（3）汇率市场化→利率市场化→资本账户开放模式。

现有研究存在以下可供改进之处：一是缺少对我国现行有管理浮动汇率制度的刻画；二是很少从经济福利的角度对不同外汇市场干预及资本管制政策的组合进行考察。为克服以上问题，本章拟将汇率市场干预及资本管制同时纳入一个包含金融摩擦的开放经济动态随机一般均衡模型，利用经济福利的分析探讨汇率市场化及资本账户开放这两项重大金融市场化改革推进路径的选择。相对于已有研究，本章在具备金融摩擦的动态随机一般均衡模型中纳入央行汇率市场干预，以便拟合我国现阶段有管理的浮动汇率制度。

模型允许汇率市场干预力度以及资本管制参数灵活变化，除了刻画固定汇率和浮动汇率制度，参数的大小可以对应各种可能的汇率机制及资本账户开放程度，使得对多种政策组合下的经济福利进行比较，进而选择金融改革的最适路径成为可能。此外，设置不同的汇率市场干预力度及资本账户开放程度的参数组合，计算不同政策参数下对应基准模型产生的福利损失，为中国金融市场化改革的路径选择提供了理论依据。

第一节 开放经济动态随机一般均衡
模型构建与求解

长期以来，我国政府保持着对外汇市场的干预以及资本账户管制政策，主要有以下两个方面原因。第一，我国内需长期不足，外需对于拉动我国经济增长扮演重要角色。陈斌开等（2014）以及张志敏和李娟娟（2017）的研究认为我国经济增长受到内需不足的掣肘，而内需不足的核心问题在于居民消费率过低。我国居民消费率不仅长期低于美国、英国等主要发达国家，同时也低于日本、韩国等亚洲国家以及属于金砖国家的俄罗斯和巴西等。因此，我国政府出于提升内需拉动经济增长的考虑，一方面进行外汇市场干预，旨在稳定汇率和促进出口；另一方面则进行资本账户管制，旨在限制资本外流和提振国内需求。第二，基于我国金融体系发展不完善，应对国际金融冲击能力较弱的现状，政府出于维持金融经济稳定的考虑，往往会进行汇率干预和资本管制，抑制外汇投机和短期资本流动。类似的政府决策有一定的理论基础，如斯蒂格利茨（2000）曾指出，发展中国家金融市场处于非有效状态，资本自由流动（尤其是短期资本）往往不会带来经济增长，反而因为资本流动具有很强顺周期性，会加剧经济波动并影响金融经济稳定。因此，对于这类国家而言，政府允许资本自由流动并非最佳选择。此外，辛格和苏拉曼尼亚（2008）进一步在小国开放经济模型框架下分析了短期中汇率稳定和资本管制政策，发现这样一种政策组合虽然并非最优选择，但是在特定的经济条件下有利于抑制经济周期波动，可以促使经济实现"次优"均衡。

为了更好地契合我国经济现实，本章对理论模型进行如下设定。①居民可支配收入除了用于消费，还可以配置本币或者外币债券。政府为了提升国内需求，对居民进行资本管制，限制短期资本流动。对资本账户管制的具体设定沿用施密特和乌里韦（2003）使用的二次调整成本函数方法，通过设定外币计价债券投资组合的调整成本参数区分家庭面临的不同强度资本账户管制。②参照格特勒等（2007）和常等（2015），模型将外国产品以本国生产企业的中间投入品的形式引入本国经济体系之中。相对于将外国最终产品直接引入本国居民效用函数的处理方法，这样设定更加符合我国在全球化生产中扮演的角色。同时，利用实际进出口数据校准模型中相关参数，反映出外需拉动型经济中经常账户长期顺差的特征。这样一来，也从侧面体现出我国经济内需的不足。③本国居民通过金融中介（银行）配置本外币债券资产，两类无风险债券分别由本国和外国央行发行。由于金融体系的非有效状态，银行需要付出运营成本才能维持其持续经营。相应的，外国金融体系被假设为是有效的。而本国政府出于维持金融稳定的目的，对银行也需要进行汇率干预和资本管制。模型中银行部门的具体设定和爱德华兹和韦格（Edwards 和 Végh，1997）、乌里韦和岳（Uribe 和 Yue，2006）以及北野（2011）类似，使用一个额外的运营成本来表示金融体系的非有效状态。对于外汇市场干预的设定，本章则通过政府持有外国债券余额变化相对于汇率变动弹性系数来度量政府对汇率市场的干预程度。

一、家庭

对于存在外汇市场干预以及资本账户管制的经济体，市场是有摩擦的。对于本国代表性家庭而言，货币是非中性的，实际货币余额应进入家庭效用函数。本章沿用已有研究中广泛使用的效用函数形式（如孙俊、于津平，2014）。

假定在垄断竞争经济中，存在无数个生产差异性产品的厂商，与连续统 [0，1] 中连续实数一一对应。代表性家庭出于最大化终生期望效用的动机，自主选择其消费水平并向厂商提供劳动，同时通过持有本币或外币计价债券构成的投资组合进行跨期资源配置。最优化问题表达如式 6-1 所示：

$$\max E_0 \sum_{t=0}^{\infty} \beta^t \left[\log C_t + \zeta \log(m_t) - v \frac{L_t^{1+\varphi}}{1+\varphi} \right] \qquad （式 6-1）$$

其中 C_t 为消费水平，L_t 为劳动时间，v 为劳动在效用函数中的权重，ζ 为实际货币余额在效用函数中的权重，φ 为劳动工资弹性的倒数，$m_t = \dfrac{M_t}{P_t}$ 为实际货币余额，$0 < \beta < 1$ 为反映时间偏好的贴现因子。对于厂商 i，代表性家庭在 t 期提供的劳动时间记为 $L_t(i)$，则总劳动供给可表示为：

$$L_t = \int_0^1 L_t(i)\,di \tag{式6-2}$$

代表性家庭面临的预算约束如式6-3：

$$C_t + \frac{M_t}{P_t} + \frac{B_t}{\Xi_t P_t}[1+\Theta_t] \le w_t L_t + \frac{D_{h,t}+D_{b,t}}{P_t} + \frac{M_{t-1}}{P_t} +$$

$$\frac{R^h_{t-1}B_{t-1} + e_t R^{h,f}_{t-1}B^f_{H,t-1}}{P_t} \tag{式6-3}$$

其中，e_t 为名义汇率，M_t 为本国居民货币需求，P_t 为价格水平，w_t 是实际工资率。居民为厂商及银行股东，每期分红分别为 $D_{h,t}$ 和 $D_{b,t}$。R^h_t 和 B_t 分别表示本币债券利率和本国居民持有的本币债券余额，$R^{h,f}_t$ 和 $B^f_{H,t}$ 分别表示外币债券利率和本国居民持有的外币债券余额，利率与债券余额的乘积为当期本息和。本国居民需要通过金融中介（银行）才能进行债券投资组合的配置。$\Xi_t = B_t/(B_t + e_t B^f_{H,t-1})$ 代表了居民持有的投资组合中本币债券所占的比例。Θ_t 表示投资组合调整成本函数，沿用施密特和乌里韦（2003）的设定，定义如下：

$$\Theta_t = \frac{\gamma}{2}(\Xi_t - \overline{\Xi})^2 \tag{式6-4}$$

Ξ_t 代表经济处于稳态水平时居民持有的投资组合中本币债券比例，γ 为调整成本系数，取值越大表示本国资本管制程度越高，居民调整投资组合中本外币债券比例的成本越高。由此，参数 Θ_t 的大小直接影响居民在本币及外币债券之间配置资金的决策。

对代表性家庭效用最大化问题进行求解，得到如下一阶条件：

$$C_t = 1/\Lambda_t \tag{式6-5}$$

$$Et\frac{\beta\Lambda_{t+1}}{\Lambda_t \pi_{t+1}} + \frac{\zeta}{\Lambda_t m_t} = 1 \tag{式6-6}$$

$$L_t^\varphi = w_t \Lambda_t / v \tag{式6-7}$$

$$Et\frac{\beta\Lambda_{t+1}}{\pi_{t+1}\Lambda_t}(R^h_t - R^{h,f}_t e_{t+1}/e_t) = \gamma(\Xi_t - \overline{\Xi}) \tag{式6-8}$$

$$Et\frac{\Lambda_{t+1}R^h_t}{\Lambda_t \pi_{t+1}} = \frac{\gamma}{2}(\Xi_t - \overline{\Xi})^2 + \gamma(1-\Xi_t)(\Xi_t - \overline{\Xi}) + 1 \tag{式6-9}$$

其中，π_t 为通货膨胀，Λ_t 为拉格朗日乘子。

从式6-6可推导出最优实际货币需求函数：

$$m_t = \frac{\zeta}{\Lambda_t\left(1 - E_t\dfrac{\beta\Lambda_{t+1}}{\pi_{t+1}\Lambda_t}\right)} \qquad \text{(式 6-10)}$$

一阶条件中式 6-7 是劳动供给函数，式 6-8 则是存在资本管制时的非抛补利率平价方程，第五章已经给出了详细推导过程。该等式右边非零，说明资本管制可能引起本国利率与经汇率调整后的外国利率之间存在长期利差。也即是说，政府能够通过调整资本管制力度实现一个浮动的利差"缓冲区"，只要利差在这个范围内就不会导致短期资本流动套利。理论上，当实现完全资本流动时有 $\gamma = 0$，式 6-8 右边退化为 0，即得到无资本管制情形下的非抛补利率平价关系。式 6-9 为欧拉方程。

二、银行

本章采用类似于爱德华兹与韦格（1997）、乌里韦和岳（2006）以及北野（2011）对银行部门的设定。代表性银行能够直接参与国际金融市场，负责承销本国央行发行的本币债券并且为居民提供外币债券交易服务。由于我国金融体系发展不完善，本国银行部门被设定为非有效状态，承销本币债券和外币债券交易业务均存在运营成本。运营成本采用如下调整成本形式：

$$\Phi_t(B_t, B^f_{H,t}) = \frac{\gamma_b}{2}(\Xi_t - \overline{\Xi})^2(B_t + B^f_{H,t}) \qquad \text{(式 6-11)}$$

运营成本大小取决于银行本外币债券业务规模以及结构的变动，于是银行面临的预算约束为：

$$\Psi_t - \Psi_{t-1}(1 + R_{t-1}) = (R^h_{t-1} - R_{t-1})B_{t-1} + (R^{h,f}_{t-1} - R^f_{t-1})B^f_{H,t-1} + \Phi_t(B_t, B^f_{H,t}) + D_{b,t}$$
$$\text{(式 6-12)}$$

其中，Ψ_t 代表银行债务余额，$D_{b,t}$ 为净利润，R_{t-1} 和 R^f_{t-1} 是本国和外国央行发行债券的利率，分别代表本国和外国无风险利率。我们设定银行通过留存收益为其运营融资，每期债务余额为零，以保证不会产生庞氏骗局（Ponzi Game）。[1] 于是得到银行利润最大化问题：

---

[1] 一般均衡模型中非庞氏骗局条件（Non-Ponzi Game Condition）可参见 Edwards S, and Vegh C A, "Banks and Macroeconomic Disturbances under Predetermined Exchange Rates", *Journal of Monetary Economics*, Vol. 40, No. 2, 1997; Kitano S, "Capital Controls and Welfare", *Journal of Macroeconomics*, Vol. 33, No. 4, 2011。

$$\max \sum_{t=1}^{\infty} \left(\frac{D_{b,t}}{R_t} \right)^t$$

$$s.t. D_{b,t} = (R_{t-1} - R_{t-1}^h) B_{t-1} + (R_{t-1}^f - R_{t-1}^{h,f}) B_{H,t-1}^f - \Phi_t (B_t, B_{H,t}^f)$$

（式6-13）

通过求解一阶条件可以得到居民购买本外币债券对应的利率：

$$R_t^h = R_t - \left[\frac{\gamma_b}{2} (\Xi_t - \overline{\Xi})^2 + \gamma_b (1 - \Xi_t) (\Xi_t - \overline{\Xi}) \right] R_t$$ （式6-14）

$$R_t^{h,f} = R_t^f - \left[\frac{\gamma_b}{2} (\Xi_t - \overline{\Xi})^2 - \gamma_b (\Xi_t - \overline{\Xi}) \Xi_t \right] R_t^f / e_t$$ （式6-15）

其中，中括号部分就是因为金融体系非有效而产生的利率"楔子"，代表了金融摩擦对于资金配置的扭曲作用。假设金融市场是无摩擦的，金融中介的行为均有效率，则利率"楔子"为零。此时，居民获得的本币及外币债券利率与对应央行发行债券利率相等，居民资金配置不会产生扭曲。

三、厂商

以 $i \in [0, 1]$ 的连续实数对经济体中无数个差异性产品厂商进行编号，每个厂商独立利用不同数量的中间产品和劳动力生产 i 种差异性产品。沿用格特勒（2007）及常等（2015）的方法，模型中设定经济中生产中间产品的厂商从市场上购买本国和外国的最终产品，合成中间产品供差异性产品的生产商使用。经济中生产最终产品的厂商则运用常数替代弹性加总技术，将所有差异性产品合成为单一类型的最终商品。在这样的生产体系中，外国商品经由中间产品厂商进入本国经济的方式也更加契合中国在全球化生产中所扮演的角色。

（一）最终产品厂商

生产最终产品的厂商运用常数替代弹性加总技术，将差异性产品厂商生产的 i 种差异性商品合成为单一类型的最终商品后投入市场。将最终产品厂商的产出记为 Y_t，第 i 个差异性产品生产商的产品记为 $Y_t(i)$，产品价格记作 $P_t(i)$，则

$$Y_t = \left(\int_0^1 \left[Y_t(i)^{\frac{\vartheta-1}{\vartheta}} di \right] \right)^{\frac{\vartheta}{\vartheta-1}}$$ （式6-16）

最终产品价格可以表示为：

$$P_t = \left(\int_0^1 \left[P_t(i)^{1-\vartheta} di \right] \right)^{\frac{1}{1-\vartheta}}$$　　　　　　（式 6-17）

其中，ϑ 为差异性产品间的替代弹性，$\vartheta > 1$。

（二）中间产品生产商

本章模型中，中间产品生产商从国内市场获取最终产品 $Z_{h,t}$，从国际市场进口外国最终商品 $Z_{f,t}$，按照式 6-18 中生产函数生产中间产品 Z_t：

$$Z_t = Z_{h,t}^{\varphi} Z_{f,t}^{1-\varphi}$$　　　　　　（式 6-18）

其中，φ（$0 < \varphi < 1$）表示中间品 Z_t 生产过程中本国产品的投入权重。

若外国最终商品价格为 P_t^f，实际汇率记为 q_t，那么中间产品生产商成本最小化问题可表示为：

$$\min P_t Z_{h,t} + e_t P_t^f Z_{f,t} = Z_{h,t}^{\varphi} Z_{f,t}^{1-\varphi}$$

$$s.t.\ Z_t = Z_{h,t}^{\varphi} Z_{f,t}^{1-\varphi}$$　　　　　　（式 6-19）

求解可得：

$$\frac{e_t P_t^f}{P_t} = \left(\frac{1-\varphi}{\varphi} \right) \left(\frac{Z_{h,t}}{Z_{f,t}} \right)$$　　　　　　（式 6-20）

这里 $\dfrac{e_t P_t^f}{P_t}$ 即为实际汇率 q_t。

由上式可得：

$$Z_{f,t} = \frac{1-\varphi}{\varphi} \frac{P_t Z_{h,t}}{e_t P_t^f} = \frac{1-\varphi}{\varphi} \frac{Z_{h,t}}{q_t}$$　　　　　　（式 6-21）

代入中间产品生产函数可得：

$$Z_{h,t} = \left[\varphi^{1-\varphi} (1-\varphi)^{\varphi-1} q_t^{1-\varphi} \right] Z_t$$　　　　　　（式 6-22）

将中间产品相对于最终产品的实际价格记作 Q_t，则

$$Q_t = \varphi^{1-\varphi} (1-\varphi)^{\varphi-1} q_t^{1-\varphi}$$　　　　　　（式 6-23）

这一相对价格将用于差异性产品生产商成本最小化问题的求解。

对于中间产品生产商来说，总供给等于差异性产品生产商的总需求，将第 i 个差异性产品生产商投入的中间产品记为 $Z_t(i)$，则

$$Z_t = \int_0^1 Z_t(i) di$$　　　　　　（式 6-24）

其经济含义为中间产品市场出清。

（三）差异性产品生产商

差异性产品生产商在中间品市场和劳动力市场是价格接受者，其产品市场是垄断竞争的，在加利和莫纳切利（2005）的基础上，可以以指数权重 ω 加入中间产品 $Z_t(i)$，将第 i 个生产商对应的生产函数表示为：

$$Y_t(i) = [Z_t(i)]^\omega [A_t L_t(i)]^{1-\omega} \qquad (式6\text{-}25)$$

其中，A_t 为所有差异性产品生产商共有的生产技术，以恒定增长率 a 逐期增长。

差异性产品生产商 i 成本最小化问题可表示为：

$$\min Q_t Z_t(i) + w_t L_t(i)$$
$$s.t. \ Y_t(i) = [Z_t(i)]^\omega [A_t L_t(i)]^{1-\omega} \qquad (式6\text{-}26)$$

一阶条件为：

$$\frac{Z_t(i)}{L_t(i)} = \left(\frac{\omega}{1-\omega}\right)\left(\frac{w_t}{Q_t}\right) \qquad (式6\text{-}27)$$

代入生产函数得到厂商的实际边际成本为：

$$mc_t = \omega^{1-\omega}(1-\omega)^{\omega-1}\left(\frac{w_t}{A_t}\right)^{1-\omega} Q^{\omega-1} \qquad (式6\text{-}28)$$

其中 Q_t 为实际相对价格。

考虑到价格具有黏性的经济现实，卡尔沃（Galvo，1983）交错定价模型被研究广泛使用，通过设定每期只有一定比例的厂商能够将价格调整到最优水平，不同比例参数的取值对应不同程度的价格黏性和不同长度的价格平均调整周期。与这个方法不同，为与上述投资组合调整成本保持一致，本章采用罗滕贝格（Rotemberg，1982）和施密特和乌里韦（2003）所使用的二次调整成本函数，厂商进行价格调整时需要承担额外的调整成本，由此产品价格具备了一定程度的黏性。与交错定价模型类似，通过对调整成本参数的选择，该方法同样可以实现设定价格平均调整周期的目标。价格调整成本函数的具体形式设定为：

$$\Omega_t = \frac{\chi C_t}{2}\left(\frac{P_t(i) - \bar{\pi} P_{t-1}(i)}{\bar{\pi} P_{t-1}(i)}\right)^2 \qquad (式6\text{-}29)$$

其中 $\bar{\pi}$ 是经济处于稳态时的通胀率。

由于差异性产品市场是垄断竞争的，这些厂商面临相同形式的需求曲线 $Y_t^D(i) = Y_t(P_t(i)/P_t)^{-\vartheta}$，因此，差异性产品生产商在承担价格调整成本的前提下，选择其最优价格水平 $P_t(i)$ 使得利润最大化。最优化问题为：

$$\max_{P_t(i)} E_t \sum_{j=0}^{\infty} \beta^j \frac{\Lambda_{t+j}}{\Lambda_t} \left(Y_t(P_t(i)/P_t)^{-\vartheta} \left(\frac{P_{t+j}(i)}{P_{t+j}} - mc_{t+j} \right) - \Omega_{t+j} \right) \qquad (\text{式}6-30)$$

mc_t 为厂商的实际边际成本。当经济均衡时，$P_t(i) = P_t$，$\forall i \in [0, 1]$，则可得：

$$mc_t = \frac{\vartheta-1}{\vartheta} + \frac{\chi C_t}{\vartheta Y_t} \left(\left(\frac{\pi_t(\pi_t - \pi)}{\pi^2} - \beta E_t \frac{\pi_{t+1}(\pi_{t+1} - \pi)}{\pi^2} \right) \right) \qquad (\text{式}6-31)$$

此时价格调整成本为：

$$\Omega_t^s = \frac{\chi C_t}{2} \left(\frac{\pi_t - \bar{\pi}}{\pi} \right)^2 \qquad (\text{式}6-32)$$

由于差异性产品生产商为连续统，所有厂商价格调整成本的加总也同样为 Ω_t^s。

（四）产出恒等式

除了供居民消费之外，厂商部门产出的最终产品共有三个不同流向。一部分被中间产品生产商购买后用于生产中间产品，一部分出口至国外，剩余部分用于支付厂商价格调整成本以及居民投资组合调整成本。将出口部分记为 X_t，最终产品的会计恒等式为：

$$Y_t = C_t + Z_{h,t} + X_t + \Omega_t^s + \frac{B_t \Theta_t}{\Xi_t P_t} + \frac{\Phi_t(B_t, B_{H,t}^f)}{P_t} \qquad (\text{式}6-33)$$

其中 Ω_t^s 为差异性产品生产商价格调整成本，$\dfrac{B_t \Theta_t}{\Xi_t P_t}$ 为居民投资组合调整成本，$\dfrac{\Phi_t(B_t, B_{H,t}^f)}{P_t}$ 为银行部门运营成本。

四、外国部门

由于本国净出口为：

$$NX_t = X_t - q_t Z_{f,t} \qquad\qquad (式6-34)$$

在支出法下计算国内生产总值为：

$$output_t = C_t + NX_t \qquad\qquad (式6-35)$$

根据国内生产总值的收入法和支出法可以得到等式：

$$C_t + NX_t = w_t L_t + \frac{D_t}{P_t} - \frac{B_t \Theta_t}{\Xi_t P_t} - \frac{\Phi_t(B_t,\ B^f_{H,t})}{P_t} \qquad\qquad (式6-36)$$

将政府持有的外币债券记为 $B^f_{G,t}$（即外汇储备），政府与居民持有外币债券总额为：

$$B^f_t = B^f_{H,t} + B^f_{G,t} \qquad\qquad (式6-37)$$

本国经常账户余额为净出口与外币债券的利息之和：

$$ca_t = NX_t + e_t \big[B^f_{H,t-1}(R^{h,f}_{t-1} - 1) + B^f_{G,t-1}(R^f_{t-1} - 1) \big]/P_t \qquad\qquad (式6-38)$$

式6-31 中括号部分表示居民和政府持有外币债券利息。这里的经常账户余额表示为剔除价格影响的实际值。由于每一期一国经常账户余额应与该国净国外资产变化量相等，由此可得：

$$ca_t P_t = e_t(B^f_t - B^f_{t-1}) \qquad\qquad (式6-39)$$

假定外国总需求 AD^f_t 与利率 R^f_t 是外生变量，且服从如下过程：

$$\begin{pmatrix} \ln AD^f_t \\ \ln R^f_t \end{pmatrix} = \begin{pmatrix} 1-\rho_a & \rho_a & 1 \\ 1-\rho_b & \rho_b & 1 \end{pmatrix} \begin{pmatrix} \ln AD^f & \ln R^f \\ \ln AD^f_{t-1} & \ln R^f_{t-1} \\ \varepsilon^a_t & \varepsilon^b_t \end{pmatrix} \qquad\qquad (式6-40)$$

其中，$\overline{AD^f}$ 和 $\overline{R^f}$ 分别表示稳态值，$\varepsilon^a_t \sim N(0,\ \sigma^2_a)$，$\varepsilon^b_t \sim N(0,\ \sigma^2_b)$。

外国对本国的进口需求构成了本国的出口需求 X_t，X_t 与外国总需求和实际汇率成正比，故可将出口需求函数设定为：

$$\left(\frac{X_t}{A_t} \right) = q_t^\delta AD^f_t \qquad\qquad (式6-41)$$

其中 $\dfrac{X_t}{A_t}$ 是经过生产技术调整的出口需求，δ 为出口的汇率弹性。

五、本国央行

本章中央行主要的职能是通过向经济体投放适量货币，利用外汇市场干预手段维持汇率稳定。此外，央行还需要发行债券为居民提供跨期调配手段以及对外汇占款导致的货币投放进行冲销操作。货币市场和债券市场出清条件分别为：

$$M_t^s = M_t \qquad\qquad\qquad\qquad\qquad （式 6-42）$$

$$B_t^s = B_t \qquad\qquad\qquad\qquad\qquad （式 6-43）$$

其中，M_t^s 为货币供给，B_t^s 为央行发行的债券总量。

在我国现行结售汇制度下，经常账户盈余所形成的外币资产中，除最终被家庭持有的部分 $B_{H,\,t}^f$ 之外，剩余部分均经过金融中介转换为政府外汇储备资产 $B_{G,\,t}^f$。政府购买储备资产方式包括发行货币或者发行债券冲销操作。因此，央行当期储备资产变动受到当期本币债券余额增长和货币供应量变动的约束，如下式所示：

$$B_{G,\,t}^f - R_{t-1}^f B_{G,\,t-1}^f \leq \left[\left(B_t^s - R_{t-1} B_{t-1}^s \right) + \left(M_t^s - M_{t-1}^s \right) \right] / e_t \qquad （式 6-44）$$

其中，$R_{t-1}^f B_{G,\,t-1}^f$ 和 $R_{t-1} B_{t-1}^s$ 分别表示前一期政府持有外币债券在当期应偿还的本息和以及前一期政府发行本币债券余额在当期应偿还的本息和，R_t^f 和 R_t 分别为外国和本国无风险利率。

从前文家庭部门一阶条件可知，包含资本管制成本在内的一般性非抛补利率平价关系是存在的。无论是冲销式干预还是直接发行货币，央行对汇率市场的干预都会影响到经济中的利率水平和货币供给，由此货币政策难以具备完全的独立性。本章将基准模型设定为贴合我国经济现实的有管理浮动汇率制，拟从政府持有外币债券余额相对汇率变动具有一定弹性这一角度出发，设定外汇市场的干预方程。同时为了便于比较不同政策组合下的经济福利差异，我们考虑三种汇率形成机制：

（一）固定汇率制

在固定汇率制下，名义汇率的任何波动将触发央行的强力干预，汇率会立即恢复到固定水平。将稳态汇率记作 $\bar{e}$，固定汇率制可以表示为：

$$e_t \equiv \bar{e} \qquad\qquad\qquad\qquad\qquad （式 6-45）$$

在固定汇率制下，央行货币政策服务于稳定汇率的政策目标。

（二）有管理浮动汇率制

现实经济中，我国汇率中间价参考前一日银行间汇率收盘价以及一篮子货币汇率变化来确定。对于这种汇率形成机制，一方面合理区间内的汇率浮动反映出市场供需变化，具备适度的弹性；另一方面汇率并非自由浮动，而是一种有管理的浮动。在本章模型中，央行利用其外汇储备对汇率市场进行一定程度干预，试图将汇率稳定在合理区间。因此，当名义汇率出现波动时，央行干预力度要小于固定汇率制，不强制要求汇率恢复为稳态水平。干预力度越小，则汇率波动幅度越大。干预方程设定为：

$$(B^f_{G,\,t}/B^f_{G,\,t-1}) = (e_t/\bar{e}) - \kappa \qquad (式6\text{-}46)$$

这里将汇率稳定在其稳态水平附近，控制汇率的波动幅度是央行汇率政策目标，而稳态汇率本身则不是。当稳态汇率本身成为央行政策目标时，汇率政策退化为固定汇率制。当央行对外汇市场干预力度 κ 无穷大的时候，汇率才会完全收敛于稳态水平。央行通过选择其干预力度，实现汇率相对于稳态水平偏离幅度的调控。

在这种汇率区制下，式6-39、6-44、6-46以隐性货币政策函数的形式共同决定了央行的最优政策。

若将式6-46左边记作 V_b，右边括号内的表达式记作 V_e

$$elasity_{v_b v_a} = \frac{\partial V_b}{\partial V_e} \frac{V_e}{V_b} = -\kappa \qquad (式6\text{-}47)$$

由此说明 κ 即为外汇储备变动的汇率弹性，汇率贬值时，央行则抛售外币计价债券兑换为本国货币；汇率升值时则反向操作。该参数大小对应于央行对汇率波动的干预力度。当 $\kappa \to 0$ 时，央行不干预汇率市场，等价于汇率自由浮动；当 $\kappa \to +\infty$ 时，央行对极小的汇率波动都会强力干预，等价于实行固定汇率制。由于取极限过程无法在模型中体现出来，因此本章将固定以及浮动汇率制单独进行了设定。

（三）浮动汇率制

在浮动汇率制下，央行放弃干预汇率，转而追求国内货币政策的独立性。克拉里达等（2000）和庄子罐等（2016）为代表的一些研究均发现央行在实施价格型货币政策时对利率的调整带有利率平滑的特征，本章将浮动汇率制下的货币政策设定为带有利率平滑的泰勒规则形式：

$$\hat{R}_t = \rho_R \hat{R}_{t-1} + (1-\rho_R)[\theta_1(E_t\hat{\pi}_{t+1} - \hat{\pi}_t) + \theta_2\hat{\pi}_t + \theta_3\widehat{Output}] \quad (式6\text{-}48)$$

式 6-48 中变量均为相对稳态偏离，政策规则表明央行根据预期通胀缺口、通胀缺口和产出缺口确定当期目标利率。同时，政府实行浮动汇率制时，金融体系已经得到充分发展，能够有效配置资金。

六、模型静态均衡

假定厂商全要素生产率 A_t 以常数增长率稳定增长，将模型中实际经济变量除以 A_t，国内名义经济变量除以 $A_t P_t$，国外名义经济变量除以 $A_t P_t^f$，使模型转化为实际经济变量的集约表达式，进而可得关于实际经济变量的平衡增长路径。模型中共有 24 个内生经济变量和相同数目的约束方程，求解可以得到静态均衡解。

第二节 汇率市场干预、资本管制与宏观经济波动分析

一、基准模型参数校准

本章贴现因子取值为 0.995，对应实际利率 2%。将稳态时代表性家庭劳动时间设定为总时间禀赋的 1/3，根据式 6-7 可以计算出稳态时代表性家庭效用函数中参数 v。实际货币余额在效用函数中的权重 ζ 沿用查理等（Chari 等，2000）的设定，这里取值为 0.006。银行运营成本参数 γ_b 参考乌里韦和岳（2006）和北野（2011）设定为一个很小的正数，取值 0.001。劳动工资弹性的倒数 φ 则参考张卫平（2012）的设定，校准为 1。对于差异性产品厂商生产过程中中间产品的投入权重 ω，参考格特勒（2007）设定为 0.5。格特勒（2007）将生产差异性产品的厂商重新设定产品价格的平均周期设定为 1 年，由此本章将价格调整成本参数 χ 校准为 60，保证产品价格不变的平均时长为 1 年。对于差异性产品替代弹性 ϑ，则沿用孙俊和于津平（2014）的设定校准为 11。

利用1996—2016年我国进出口数据①，分别求出进口总额和出口总额与国内生产总值之比的长期均值为21%和24%，据此计算得到中间品厂商在生产过程中投入本国商品的权重 $\varphi = 0.74$。同时，基于1996—2016年外汇储备及名义有效汇率数据②，经计算得到外汇储备变化量的汇率弹性 $\kappa = 0.92$。对于居民投资组合调整成本 γ，常等（2015）利用2001—2011年数据校准为0.6，同时他们在可黛西和瑞（Coeurdacier 和 Rey，2013）的研究基础上推算出其他新兴市场国家该参数为0.22，这个值可以视为发展中国家资本管制最低限度。基于这两项研究，考虑到2011年之后我国在资本账户开放上的进展，本章基准模型的 γ 校准为0.4，并且将资本账户完全开放状态下的 γ 校准为0.25。本章设定厂商全要素生产率以常数 $a = 1.019$ 稳定增长，以符合我国人均实际产出增长率的长期均值。③ 参照张勇（2015）的研究，将出口需求的汇率弹性 δ 校准为1。在浮动汇率制下，货币政策规则中参数参考庄子罐等（2016）的设定。

对加息冲击参数的校准，我们采用1996—2016年伦敦同业拆借利率来计算持续性参数的值，然后取平均值0.985作为基准模型参数 ρ_b 取值。对外国需求冲击参数的校准，则基于我国1996—2016年出口数据，近似计算得到 $\rho_b = 0.975$。④ 两个外部冲击的随机项标准差均取值为0.01。⑤

上述参数取值归纳如表6-1所示。

表6-1 基准模型参数校准

参数	含义	取值
β	贴现因子	0.995
ζ	实际货币余额效用函数中权重	0.006
v	劳动在效用函数中权重	7.732

---

① 数据来源：中国统计局网站。
② 数据来源：中国中央银行网站、万德数据库。
③ 数据来源：中国统计局网站。
④ 数据来源：万德数据库。
⑤ 由于校准得到的参数取值可能会存在一定参数敏感性，影响模型估计结果。为了提高结果稳健性，对于央行外汇干预力度、资本管制力度等前期研究中较少涉及的校准参数，本章进行了敏感性分析。结果表明，这些参数数值上的小幅变动并未改变内生宏观经济变量波动的方向以及变化趋势，说明模型涉及的宏观经济变量动态关系相对于这些参数的校准取值具备稳健性。

参数	含义	取值
φ	劳动工资弹性倒数	1
ω	差异性产品厂商中间品投入权重	0.5
χ	产品价格调整成本参数	60
ϑ	差异性产品替代弹性	11
φ	中间产品厂商生产过程本国投入权重	0.74
κ	央行外汇干预力度（外汇储备变化量的汇率弹性）	0.92
γ	资本管制力度（居民投资组合调整成本）	0.4
γ_b	银行运营成本参数	0.001
a	差异性产品厂商生产率增长率	1.019
δ	出口需求的汇率弹性	1
ρ_R	泰勒规则利率平滑系数	0.176
θ_1	泰勒规则预期通胀缺口系数	2.633
θ_2	泰勒规则通胀缺口系数	2.999
θ_3	泰勒规则产出缺口系数	1
ρ_a	外国需求冲击持续性系数	0.975
ρ_b	外国利率冲击持续性系数	0.985
σ_a，σ_b	外生冲击随机项标准差	0.01

二、脉冲响应分析

我国近两年以来遭遇了对外出口的下滑，同时美国开始进入加息周期，这是推进汇率制度改革及资本账户开放所面临的两个最为重要的外生冲击。因此，本章基于外国加息以及出口需求下降两个外生冲击展开脉冲响应分析，试图从不同汇率制度出发，探究在资本管制的背景下，这些外生冲击对我国宏观经济造成的潜在影响以及可能的传导机制。

（一）有管理浮动汇率制

存在资本管制时，传统的无抛补利率平价会发生偏离，外国和本国利率之间可能存在一定利差。这种利差会导致外国利率冲击在较长时间内持续对本国宏观经济造成影响。图 6-1 展示的是当加息冲击发生时本国宏观经济变量的脉冲响应图。为了更好地阐释资本管制强度对名义汇率的影响，我们将基准模型和资本账户开放的对比模型结果合并报告。

当外国加息时，无抛补利率平价发生偏离，因此我们预期本国利率不会在短期内跟随外国利率大幅上升。图 6-1 中的基准模型脉冲响应验证了我们的猜想，存在资本管制时国内利率只在较短时期内小幅上升。而对比模型将家庭投资组合调整成本参数设定为 0.25，代表极低程度的资本项目管制。由图 6-1 可以看出，当放松资本项目管制时，利率短期内跟随外国利率大幅上升，利率平价发生作用。此外，理论上外国加息时，本国汇率会在短期贬值而长期中升值。但图 6-1 中名义汇率只表现出了长期升值后回归其均衡水平的趋势，没有出现短期贬值。说明，外汇市场干预和资本管制对汇率波动（尤其是短期波动）存在抑制作用。在基准模型和对比模型中，居民外汇资产在遭遇冲击都首先经历了陡升，表明当利差无法迅速消除时，国内居民持有的外币资产也倾向于增加。

当加息冲击出现时，本国与外国利率之间利差缩小，央行更倾向于采用发行债券冲销的方式购买外币债券和加以干预。这种干预方式相对于非冲销干预会减少直接货币供给，导致货币供给增速下降，而货币供给的收缩会导致短期利率的上升，进而引起总需求收缩以及通胀水平的下降。但是，由于央行对汇率单向升值的干预效果达不到无资本管制水平下的水平，加之通胀缓和，呈现出的综合影响是实际汇率发生贬值。进一步，实际汇率贬值和外币债券利率上升均会导致整体上经常账户余额增加，名义汇率升值引发的央行干预以及经常账户余额增加，均会引起本国外汇储备的增加。

总体来看，由于央行对汇率市场干预引起国内货币供应量的波动，进而导致利率水平出现波动。一方面，无抛补利率平价存在偏离；另一方面，利率波动在一定程度上又反过来影响汇率。最终在长期名义汇率、实际汇率、实际货币增速和利率四个宏观经济变量均呈现出向稳态水平波动收敛的趋势。

图 6-2 为本国经济变量在外国需求负向冲击下的脉冲响应图。外国实际需求减少直接导致本国出口下降，产出减少，经常账户余额减少，央行结

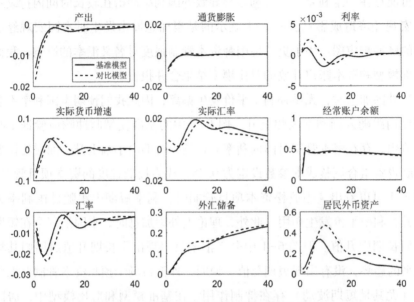

图6-1　外国加息冲击下基准模型脉冲响应图

汇需求减少，进而导致本国外汇储备下降。此外，出口下降还导致国内总需求下降，进一步引起国内通胀率下降。在负向需求冲击下，本国产出和通胀的变化趋势和图6-1中加息冲击下的变化趋势是一致的，而经常账户和外汇储备的变化趋势在两种冲击下却恰好相反。在资本账户开放情形下，利率、汇率和货币增速三个变量在冲击发生后波动小于存在资本管制时；居民外币资产则具备更高波动率，相对于稳态值的正向偏离也要大于存在资本管制时。说明资本账户开放时，资本的自由流动会平抑利率、汇率的过度波动，本国居民也更容易获取到外币资产。

（二）固定及浮动汇率制

在基准模型以外，我们设定两种汇率机制，对比分析固定汇率制和浮动汇率制下宏观经济变量对外生冲击的脉冲响应。在固定汇率制下，资本账户管制强度和基准模型保持一致；在浮动汇率制下，设定最低程度的资本管制参数。正如第三节参数校准部分所述，已有研究利用新兴市场国家的面板数据估计投资组合调整成本参数约为0.22，可以视为我国投资组合调整成本参数的下限。由于考虑到我国政府对资本流动管制在发展中国家长期处于较高水平，本章将该参数设定为0.25，作为资本账户开放的标准，略大于前

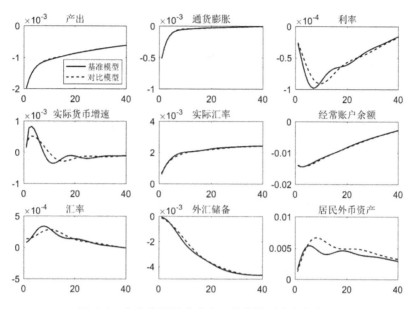

图6-2　负向外国需求冲击下基准模型脉冲响应图

期研究估计得到新兴市场国家资本账户开放下调整成本平均水平。①

在图6-3中，加息冲击后两种汇率制度下宏观经济变量的脉冲响应均较为平滑。对于浮动汇率制而言，名义汇率的自由浮动使得其他价格变量及实际货币增速在短期内随之大幅波动，但是稳定产出缺口和通胀缺口的货币政策会促使经济在长期回归均衡状态。与之形成对比的是，在固定汇率制的情形下，冲击发生后政府会迅速干预汇率市场，其他经济变量仅在短期内出现波动。

当汇率自由浮动且资本项目开放时，外国加息冲击经由利率平价直接导致本国利率上升，实际货币增速降低，而加息导致的本国汇率短期相对贬值又进一步导致经常账户余额增长和居民对外币资产需求上升。

当实行固定汇率制时，类似于对基准模型的分析，由于存在资本管制外国加息缩小了利差，央行购买外币债券时更倾向于使用发行债券冲销的方式，货币供给会相应减少，通胀下降，进而导致实际汇率贬值，经济产出下降。

---

① 此处参数的选择只是为了体现出我国和其他新兴市场国家在经济体制上存在系统性差异，如果直接校准为0.22得到结果仅仅在数值上有非常细微差异。

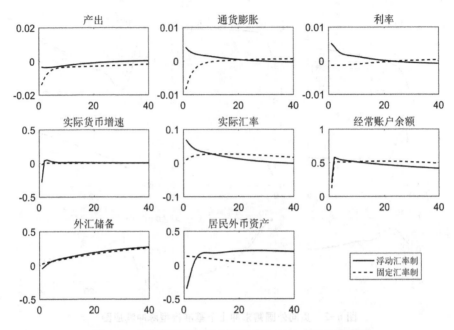

图 6-3 固定及浮动汇率制下外国加息冲击脉冲响应图

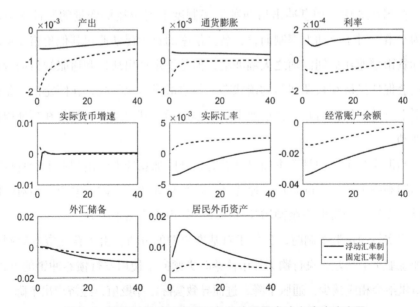

图 6-4 固定及浮动汇率制下负向外国需求冲击脉冲响应图

当负向的外国需求冲击发生时，图 6-4 显示两种汇率制度下直接影响就是经常账户余额和外汇储备呈现下降趋势，同时产出减少。相对于浮动汇率制，固定汇率制下央行干预使得经常账户余额、利率、实际汇率和外汇储备波动较小，但是外国需求冲击导致的产出波动较大。

第三节　经济福利分析与最优路径选择

不同的汇率市场化与资本账户开放程度会对应不同的经济福利水平。为了探讨汇率市场化以及资本账户开放的最优改革路径，本章选取政策组合实施后带来的经济福利变化作为判断其效果优劣的标准。只有遵循特定路径实施的金融改革进程带来最小的福利损失（或最大的福利增益），这样一条路径才是最优路径。

现实经济中，一国往往难以实现完全的资本账户开放，但是汇率制度则可以实现完全浮动汇率制。本章在有管理浮动汇率制下设定不同参数值的组合，代表不同的资本项目开放程度与央行对汇率的干预力度，然后计算对应政策组合相对于基准模型所产生的经济福利损失。同时，将固定汇率制与浮动汇率制作为可行政策组合的角点解，分别对应最高与最低的资本管制力度，计算经济福利损失。

具体而言，我们将代表性家庭期望终生效用水平作为经济福利的度量，基准模型中相应政策和制度对应福利水平记作 W_0，其他对比模型对应的福利水平记作 W_a，使用施密特和乌里韦（2007）的方法，将消费等价性补偿的变动比例记作 λ，则 λ 实质上是对福利损失的度量。将对比模型中的消费进行等价性补偿后的福利度量记为 $W_a(\lambda)$，则有：

$$W_a(\lambda) = E_0 \sum_{t=0}^{\infty} \beta^t U^a(C_t(1 + \lambda\%),\ m_t,\ L_t) \qquad （式6-49）$$

令 $W_a(\lambda) = W_0$ 可得福利损失为：

$$\lambda = 100 * (1 - e^{(1-\beta)(W_0 - W_a)}) \qquad （式6-50）$$

福利损失是在政策组合 a 的情景下代表性家庭为了达到和基准模型同一福利水平需要多消费的百分比，这里取福利损失的相反数，记为福利增益（Welfare Gain）。则可用福利增益来衡量某种政策组合相对基准情形是否提高了居民期望终生效用，福利增益值越高代表对应政策下提升的经济福利越多。

我们求解各种政策参数组合所对应福利增益水平，如图 6-5 所示。为了便于对比不同汇率制度，图 6-5 中将浮动汇率制和固定汇率制下相对于基准模型的福利增益水平也包括在内，分别用 $\kappa = 0.2$ 和 $\kappa = 1.8$ 处三维曲面上的直线表示。由于我国实行固定汇率制时期伴随着严格的资本管制，因此计算福利水平时选取参数 $\gamma = 0.8$；相应的，浮动汇率制下福利水平的计算选取参数 $\gamma = 0.25$，表示资本账户开放。结果表明，浮动汇率制、资本账户开放条件下福利水平要显著高于有管理浮动汇率制与资本管制政策组合；固定汇率制与严格资本管制政策组合下经济福利水平最低。由于浮动汇率制下，金融体系已不再是非有效状态，福利水平会远高于其他政策区制。当金融体系处于非有效状态时对资金配置存在扭曲作用，适当的政府管制措施反而会优化资源的配置。但是如果政府为了实现固定汇率制，不计代价稳定汇率，则这种过于严格的管制只会进一步加强经济的扭曲，使得经济福利显著低于有管理浮动汇率制情形。

值得注意的是，在央行对汇率干预力度或资本项目管制力度较低时，当汇率干预力度进一步减弱或资本账户开放程度进一步提高，经济福利在部分区间相对于基准模型反而是下降的（在 $\kappa < 0.4$ 或 $\gamma < 0.4$ 的区域内可明显观测到）。直到从制度上放弃外汇干预，代之以浮动汇率制以后，独立的货币政策发挥其稳定宏观经济的作用，经济福利才转而开始大幅提升。这种现象的根本原因在于，当存在外汇市场干预以及资本账户管制政策的时候，只有干预和管制力度达到一定程度才能有效稳定经济，有效控制宏观经济变量的波动。否则，空有管制政策却缺乏管制力度，加上独立货币政策缺位，宏观经济波动过大，反而会造成经济福利下降。

事实上，降低汇率市场干预力度或资本管制水平的政策改革除了存在前述导致宏观经济变量波动性增强的效应外，同样具备反向效应。首先，降低汇率市场干预水平能够增大汇率浮动范围，吸收外部汇率冲击对本国价格水平影响，进而稳定宏观经济变量。其次，降低资本管制水平能够使得居民更容易实现跨国资产配置，平滑其消费水平，对冲经济波动带来的风险，提升经济福利水平。当两种政策改革同时进行时，相对于单一降低汇率市场干预

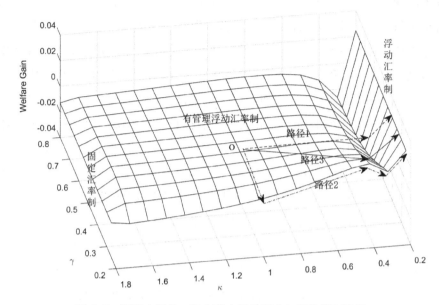

图 6-5　汇率市场化、资本账户开放程度与经济福利增益

注：Z 轴数值代表特定政策区制下相对于基准情形的福利增益（福利损失相反数），水平面坐标轴为
　　汇率市场干预力度及资本账户管制力度参数。O 点代表我国当前有管理浮动汇率制度及资本管
　　制力度对应福利增益，$\kappa = 0.2$ 和 $\kappa = 1.8$ 处三维曲面上的直线分别代表浮动和固定汇率制度下
　　福利增益水平。

力度而言，居民更容易跨国配置资产，相对于单一降低资本管制水平而言，
汇率浮动范围增大，能够吸收更多外部冲击对本国价格水平影响。由此，在
选择性施行任意一种政策改革时，引起宏观经济波动性增强的负面效应占据
了主要地位，但是两种政策改革同时进行时，其引致的福利水平反而可能高
于单一政策改革的结果。

　　从图 6-5 中我们可以直观比较选择汇率制度改革和资本账户开放的不
同路径时，福利变化和经济波动有何差异。其中，路径 1 表示先完成浮动汇
率制改革，然后逐步放松资本管制；路径 2 表示先实现资本账户可兑换，再
进行浮动汇率制改革；路径 3 则表示兼顾汇率制度改革和资本账户改革，同
步协调推进。值得注意的是，如果遵循路径 2 先实现资本账户可兑换，那么
在改革推进过程中会经历两次福利水平的下降；如果遵循路径 1 先进行浮动
汇率制改革，那么仅需经历一次福利水平的下降。由此可知，相对于路径 2
而言，路径 1 能够避免金融改革给经济福利带来过多冲击。值得注意的是，

在 $(\gamma, \kappa) = (0.25, 0.4)$ 所对应政策区制下出现了经济福利水平的一个局部极大值。这一极大值的存在意味着除了路径 1 和 2 以外，还会有福利损失更小的改革路径存在。图 6-5 中路径 3 表示将政策组合从基准情形沿直线过渡到 $(\gamma, \kappa) = (0.25, 0.4)$，然后再实现浮动汇率制。这一路径代表了汇率市场化和资本账户开放的渐进式协同推进。路径 3 和路径 1 同样只会经历一次由于外汇市场干预力度降低带来的福利水平下降。但是相对于路径 1，遵循路径 3 向政策组合 $(\gamma, \kappa) = (0.25, 0.4)$ 转变的过程中，由于路径经过经济福利局部极大值，经济福利水平不但不会下降反而会有所提升。此外，在汇率制度彻底转变为浮动汇率制时，路径 3 也会比路径 1 造成更小的经济福利损失。因此，路径 3 即为最优的金融改革路径。

我国金融市场化改革的最优路径应当是渐进式协同推进汇率市场化和资本账户开放两项改革，并且政府应当在汇率市场干预力度下降到一定程度（例如 $0.3 < \kappa < 0.4$）时即进行实质性的汇率制度变更，过渡到浮动汇率制，进而依靠独立的货币政策来稳定宏观经济波动。这样可以避免过小的汇率干预力度带来的较大经济福利损失。同时需要注意的是，在浮动汇率制确立之前，需要保持一定程度的资本管制，使得改革路径更为接近路径 3，经过福利水平局部极大值点。

为了进一步定量分析上述经济福利局部极大值，本章采用数值模拟方法，计算同时存在外国加息冲击及负向需求冲击时，不同政策组合所对应的实际经济变量的波动率，具体结果列示于表 6-2。在浮动汇率制及资本账户开放的情形下，宏观经济变量的波动水平整体上要低于其他政策区制。同时，在外汇市场干预力度很弱（但汇率尚未实现自由浮动，政策区制 II）或者资本管制力度很弱时（政策区制 I），宏观经济变量的波动反而比基准模型要大。正是由于空有管制政策却缺乏管制力度，加上独立货币政策缺位，造成宏观经济变量波动大于基准情形，于是出现经济福利下降的现象。在经济福利出现局部极大值的政策区制 III 下，绝大部分宏观经济变量波动率要低于政策区制 I 和 II，并且消费、劳动与实际汇率的波动率还要低于基准情形。正是由于宏观经济变量波动率低，该区制下经济福利水平会高于区制 I 和 II。

表6-2　不同政策区制下宏观经济变量波动率

政策区制	基准	I	II	III	开放
资本账户管制力度	$\gamma = 0.4$	$\gamma = 0.25$	$\gamma = 0.4$	$\gamma = 0.25$	$\gamma = 0.25$
汇率市场干预力度	$\kappa = 0.92$	$\kappa = 0.92$	$\kappa = 0.2$	$\kappa = 0.4$	浮动汇率
$\sqrt{Var(C)}$	0.0963	0.1012	0.0728	0.0872	0.066
$\sqrt{Var(Output)}$	0.035	0.0395	0.0321	0.0376	0.0156
$\sqrt{Var(\pi)}$	0.0152	0.0176	0.0206	0.0208	0.0103
$\sqrt{Var(L)}$	0.0329	0.0331	0.0347	0.0314	0.0316
$\sqrt{Var(q)}$	0.2026	0.1956	0.1467	0.1507	0.1872

注：对应变量波动率用标准差度量。$(\gamma, \kappa) = (0.4, 0.92)$ 代表基准模型中有管理浮动汇率制及存在资本管制，$(\gamma, \kappa) = (0.25, 0.92)$ 代表基准模型中资本管制力度大幅减弱，$(\gamma, \kappa) = (0.4, 0.2)$ 代表基准模型中央行对外汇市场干预力度大幅减弱，$(\gamma, \kappa) = (0.25, 0.4)$ 代表基准模型中对外汇市场干预及资本管制力度均适当减弱，最后一行是浮动汇率制及资本账户开放条件下各宏观经济变量的标准差。

　　事实上，中国人民银行2015年进行的"811"汇率制度改革也可以验证上述分析。这次汇改中，中国人民银行将前一日银行间汇率收盘价纳入汇率中间价形成机制以更好反映市场供求关系，增加汇率弹性。但是这种汇率干预较大幅度的放松直接导致短期内汇率的剧烈波动以及国际金融市场动荡。不久之后，中国人民银行开始逐渐恢复干预来稳定汇率等宏观经济变量。2015年12月中国外汇交易中心发布人民币汇率指数，强调汇率标准要加大参考一篮子货币的力度，保持人民币对一篮子货币汇率的基本稳定。这一政策修正标志着中国人民银行意识到汇改措施不能过于激进，在当前资本账户开放远未实现的背景下，应当回到稳步推进汇率改革的道路上。

　　从汇率制度改革、资本账户开放的国际经验来看，渐进式的协同推进是大部分完成改革国家所选择的路径。对于发展中国家，智利最早开始这两个领域的金融改革，经验较为丰富，有很好的借鉴意义。以1990年为分界线，在此之前的十多年内，智利金融改革的重点在金融市场、汇率制度和贸易改革上；在此之后的十多年则将重心转移到资本账户开放。整个改革的过程循序渐进，协同推进，并且在不同阶段分别以汇率制度和资本账户开放作为改革的重点，最终金融改革成效斐然。

　　反观日本，从20世纪70年代开始，花费近30年的时间推进金融改革，却因为汇率制度决策上的草率，在改革的开端即遭遇挫折。1973 年，日本放弃了固定汇率制，选择浮动汇率制的同时坚持保证日元实际汇率稳定。在1973 年和 1987 年两次日元升值过程中，日本政府均试图采用扩张型财政政策以及宽松型货币政策来维持实际汇率稳定。这一决策的结果是，在浮动汇率制下，日本央行货币政策主要服务于实际汇率稳定而没有发挥稳定宏观经济的作用，于是日本在经济出现泡沫之后迅速陷入衰退。不难发现，日本在推行这一系列改革的过程中，显著的失误在于汇率制度的变革过于激进和草率，另外在浮动汇率制下又试图将实际汇率维持在较为稳定的水平，这种汇率制度设定和政策决策反而使日本央行丧失了货币政策的独立性。

我国应当汲取智利金融改革的成功经验并总结日本改革进程中的教训，避免过于激进的改革措施，稳步协调推进汇率制度的完善和资本账户的开放。此外，大力提升金融体系效率，增强其应对外生金融冲击能力，对于这两项金融改革也有重要的意义。

本章小结

本章构造了一个包含资本管制、外汇市场干预及金融摩擦的开放经济动态随机一般均衡模型。由于央行可以通过发行货币或者发行债券冲销这两种方式获得外币计价债券，外汇市场干预以及经常账户余额转变为储备资产这两个过程都可以和货币供给产生关联。如果在资本管制情形下，非抛补利率平价出现偏离，那么央行对外币计价债券的获取方式会相应改变，进而影响到货币政策的选择。在经历外国加息冲击之后，利率利差变小，央行更倾向于发行债券冲销的方式获得外币计价债券，这一种对外汇市场的干预会直接导致国内货币供给的收缩。货币供给减少，进一步会导致短期利率上升，总需求和通胀水平下降。另外，在经历外需减少冲击之后，本国经常账户余额随着出口的下降而减少，央行结汇需求也减少，进而导致本国外汇储备下降，同时国内总需求的减少也会导致产出和通胀的下降。

此外，本章采用福利分析的方法，对不同汇率制度和资本账户开放程度的组合进行对比。我们发现资本账户开放条件下采取自由浮动汇率制可以达到最高福利水平，但是在尚未采用浮动汇率制时，资本账户开放程度过高反而会降低福利水平。类似的，在有管理浮动制汇率政策下，若央行汇率干预力度过低，同样会降低福利水平。这是因为在汇率干预和资本管制力度不足以稳定经济时，独立货币政策的缺位会使实际经济变量过度波动，减少经济福利水平。国内金融体系效率的提升，应对外生金融冲击能力的增强都会对汇率市场化及资本账户开放产生积极影响。

因此，我国金融市场化改革的最优选择应当是协同推进汇率制度改革和资本账户开放的进程，在浮动汇率制确立之前，保持一定程度的资本管制。同时，汇率改革应当在汇率市场干预力度下降到一定程度时就进行实质性的汇率制度变更，过渡到浮动汇率制，再进一步借助独立的货币政策稳定宏观经济，提升整体福利水平。

第七章 资本账户开放、金融
稳定与经济增长 *

中国金融市场改革是以服务实体经济为目标，分为对内改革和对外改革两部分，其中资本账户开放是对外开放的重点。资本账户开放过程是指逐步放松资本管制，允许居民和非居民持有跨境资产及从事跨境资产交易，从而实现货币自由兑换的过程（盛松成，2012）。

1996 年 12 月，中国实现人民币经常项目可兑换，同时在"先流入后流出、先长期后短期、先直接后间接、先机构后个人"的基本原则指导下，逐步开放资本项目下的子项目。从 2003 年明确要"逐步实现资本项目可兑换"起，中国资本账户开放逐步推进。2003 年 11 月《合格境外机构投资者境内证券投资管理暂行办法》正式推出合格境外机构投资者机制；2007 年 6 月《合格境内机构投资者境外证券投资管理试行办法》引入合格境内机构投资者机制，标志着国内投资机构参与海外投资的开始；2011 年 12 月《基金管理公司、证券公司人民币合格境外机构投资者境内证券投资试点办法》中，允许各试点机构开放人民币合格境外机构投资者（RQFII）业务；2014 年 11 月《中国人民银行关于人民币合格境内机构投资者境外证券投资有关事项的通知》发布，推出人民币合格境内机构投资者机制，使得境内人民币可以直接投资境外人民币计价的资本市场，可以说中国资本账户开放进程中的各种过渡性机制相继引入并持续扩容。

纵观现有文献，从世界多个国家角度分析者居多，具体研究中国资本账户开放效应者居少；而在研究中国资本账户开放影响经济增长的文献中，又少有文献能结合金融市场和实体经济进行探讨。因此，本章引入时变参数向

---

　　* 本章部分内容已发表于《国际金融研究》。彭红枫、朱怡哲：《资本账户开放、金融稳定与经济增长》，《国际金融研究》2019 年第 2 期。

量自回归方法，探究中国资本账户开放的时变性效应，并从金融稳定的视角，分析中国资本账户开放为何会在不同的时期对实体经济造成不同的影响，进而对中国金融市场改革提出相关建议。

第一节 理论分析

国际资本主要通过三种渠道对一国产生影响：一是通过贸易收支渠道影响经常账户盈亏，二是通过直接投资（国际直接投资）渠道影响国内实体经济，三是通过银行信贷渠道影响国内金融市场（金雪军和钟意，2013）。其中，资本账户开放引起的国际资本流动主要通过后两种方式产生影响，即资本账户开放后，国际直接投资流入首先冲击外汇市场，然后冲击实体经济；非国际直接投资流入则在冲击外汇市场后，穿过股市、债市等金融市场后再进入实体经济（张春生等，2017），其冲击路径如图7-1所示。

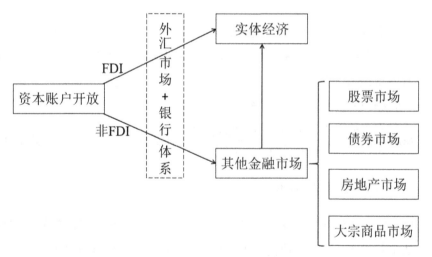

图7-1 资本账户开放影响机制

具体而言，资本账户开放后，国际资本经由外汇市场和银行体系，冲击其他各金融市场，最终影响实体经济。首先，国际资本在外汇市场进行本外币兑换，引起汇率或者外汇储备的变动；同时，国际资本经由银行体系，因外汇占款而影响国内货币供应量，流动性的改变随之影响国内信贷及利率；

进而，国际资本冲击国内金融市场，引起股价、债价、房价、大宗商品价格等资产价格波动；最后，国际资本通过直接与间接两种渠道冲击实体经济。其中对于国际资本通过金融市场影响实体经济的间接渠道而言，若金融市场稳定，则当资本大幅流入时，汇率与资产价格涨幅较小，金融市场能够容纳更多的资金，减少流向实体经济的资金量，降低高通胀及经济过热的可能性；当资本大幅流出时，汇率与资产价格跌幅较小，有利于避免恐慌造成的更大规模的资金外逃。因此金融市场稳定性关系到实体经济的稳定与增长。

第二节　变量选择与测算

本章构建经济增长率（EGR）、资本和金融账户开放度（CAO）及金融稳定状况指数（FSCI）共3个变量，各数据的时间范围为2007—2016年。

一、经济增长率

本章采用真实国内生产总值同比增长率衡量经济增长率。原始国内生产总值当季值来自中国国家统计局，经过通货膨胀调整和季节调整后获得剔除了季节因素的真实国内生产总值序列，再使用二次匹配（Quadratic-match sum）方法转换为月度数据，则经济增长率为：

$$EGR = \frac{\text{当期真实}\ GDP - \text{上年同期真实}\ GDP}{\text{上年同期真实}\ GDP} \times 100\% \qquad (\text{式}\ 7-1)$$

二、资本账户开放度

资本账户开放度分为法定开放度和事实开放度，由于在较短的样本期内，法定开放度可能无法捕捉资本账户渐进开放过程中的连续性变化，本章选取后者进行实证检验，定义资本账户开放度为资本流入与流出之和与国内生产总值的比值（Aizenman 和 Sengupta，2013；唐琳等，2015）。由于资本账户开放具体指国际收支平衡表中资本和金融账户下金融账户的开放，考虑到金融账户包含直接投资（DI）、证券投资（SI）、金融衍生工具（FI）、其他投资（OI）4个子账户，则计算每一个账户下资本流动总和可以得到最终资本账户开放度：

$$CAO = \frac{DI + SI + FI + OI}{GDP}$$

（式7-2）

式7-2中，各账户资本流入、流出数据来自国家外汇管理局，通过人民币兑美元季度平均中间价转换为人民币计价后，同计算经济增长率时的数据处理方法，可以得到剔除了季节因素的真实月度资本流动，进一步可得到资本账户开放度。CAO值越大，意味着实际的资本账户开放度越高。

三、金融稳定状况指数

本章根据"资本账户开放—金融市场—实体经济"这一传导路径，构建金融稳定状况指数 FSCI：

$$FSCI_t = \sum_i \omega_i (q_{it} - \bar{q}_{it})$$

其中，q_{it} 是资产 i 在 t 时刻的价格，$\bar{q}_{it}$ 是资产 i 在 t 时刻的长期均衡值或者趋势值，ω_i 为相应权重。

一方面，确定变量 q 及其均衡值。金融市场波动中，主要有三个方面的因素：一是外汇市场冲击，采用外汇储备（f）和实际有效汇率指数（$reer$）反映；二是银行体系冲击，采用7天银行间同业拆借加权平均利率（i）、货币和准货币（M_2）、国内信贷（d）反映；三是各金融市场资产价格冲击，选取上证综合指数（sp）、上证国债指数（bp）、国房景气指数（hp）、大宗商品价格指数（$ccpi$）分别作为股市、债市、房市、大宗商品市场的代理变量。

各原始金融变量均为月度数据，各变量（除实际有效汇率指数以外）均通过通货膨胀调整为真实值，然后通过季节调整得到剔除了季节因素的真实值。其中，由于短期利率即反映长期趋势的偏离，所以直接采用剔除季节因素的真实短期利率作为利率缺口（王雪峰，2010）；其余各变量通过 HP 滤波方法得到长期趋势值，则缺口为（真实值-趋势值）/趋势值×100%，缺口值为正代表正向偏离，缺口值为负代表负向偏离。各变量缺口值记为 $rf\_ gap$，$reer\_ gap$，$ri\_ gap$，$rm\_ gap$，$rd\_ gap$，$rsp\_ gap$，$rbp\_ gap$，$rhp\_ gap$，$rccpi\_ gap$，则金融稳定状况指数 FSCI 为：

$$FSCI_t = \omega_1 \times rf\_gap_t + \omega_2 \times reer\_gap_t + \omega_3 \times ri\_gap_t$$
$$+ \omega_4 \times rm\_gap_t + \omega_5 \times rd\_gap_t + \omega_6 \times rsp\_gap_t \qquad (式7\text{-}3)$$
$$+ \omega_7 \times rbp\_gap_t + \omega_8 \times rhp\_gap_t + \omega_9 \times rccpi\_gap_t$$

另一方面，确定系数 ω。本章参考古德哈特和霍夫曼（Goodhart 和 Hofmann，2001）的做法并进行扩展，基于风险价值模型脉冲响应确定系数。纳入风险价值模型估计的变量包括各金融变量缺口以及真实产出缺口（r国内生产总值_gap），其计算方法即原始国内生产总值当季值转换为月度值，其他步骤同各金融变量缺口的计算。对该风险价值模型进行估计后，可以得到真实产出缺口对于其他金融变量缺口滞后 12 期的广义脉冲响应，则各金融变量缺口的系数为该金融变量缺口的累计脉冲响应与总脉冲响应绝对值之和的比值：

$$\omega_i = \frac{\sum coefficient(q_{i,\,1\cdots t})}{\sum |coefficient(q_{1\cdots n,\,1\cdots t})|} \qquad (式7\text{-}4)$$

由于采用各变量相对偏离值构建金融稳定状况指数，因此金融稳定状况指数在 0 附近波动时意味着相对于长期均衡或者趋势值而言，金融体系保持了一定程度的稳定；而当金融稳定状况指数偏离 0 值时说明金融体系出现相对偏离，即金融稳定状况指数显著为正则代表金融体系处于扩张状态，而金融稳定状况指数显著为负则代表金融体系处于收缩状态。

第三节　实证分析

一、时变参数向量自回归模型

虽然已有文献在资本账户开放对一国经济和金融的具体影响上存在分歧，但许多学者认为该影响存在时效性或者门槛效应，因此本章引入时变参数向量自回归模型（Time-Varying Parameter VAR Model），以捕捉模型滞后结构的时变特征和可能的非线性特征，从而对冲击的改变以及传导机制的改变进行良好的刻画。从结构风险价值模型进行推导，可以得到时变参数向量自回归模型的表达式为：

$$y_t = X_t\beta_t + A^{-1}\Sigma_t\varepsilon_t, \quad t = s + 1, \cdots, n \qquad\qquad (式7\text{-}5)$$

式中，$X_t = I_k \otimes (y_{t-1}^{'}, \cdots, y_{t-s}^{'})$，$\otimes$ 代表克罗内克（Kronecker）乘积；系数 β_t、联立参数矩阵 A_t、随机波动的协方差矩阵 $\sum_t$ 均随时间改变。按照中岛（Nakajima，2011）的设定，A_t 为下三角矩阵，其中非 0 和非 1 的元素堆积成一列向量，则有 $a_t = (a_{21}, a_{31}, a_{32}, a_{41}, \cdots a_{k, k-1})^{'}$；同时，令 $h_t = (h_{1t}, \cdots, h_{kt})^{'}$，其中 $h_{jt} = \log\sigma_{jt}^2$，$j = 1, \cdots, k$，$t = s+1, \cdots, n$。假定待估参数满足随机游走特征，即 $\beta_{t+1} = \beta_t + \mu_{\beta t}$，$\alpha_{t+1} = a_t + \mu_{\alpha t}$，$h_{t+1} = h_t + \mu_{ht}$，且：

$$\begin{pmatrix} \varepsilon_t \\ \mu_{\beta t} \\ \mu_{\alpha t} \\ \mu_{ht} \end{pmatrix} \sim N\left(0, \begin{pmatrix} I & 0 & 0 & 0 \\ 0 & \Sigma_\beta & 0 & 0 \\ 0 & 0 & \Sigma_\alpha & 0 \\ 0 & 0 & 0 & \Sigma_h \end{pmatrix}\right) t = s + 1, \cdots n$$

其中，$\beta_{s+1} \sim N(\mu_{\beta 0}, \Sigma_{\beta 0})$，$\alpha_{s+1} \sim N(\mu_{\alpha 0}, \Sigma_{\alpha 0})$，$h_{s+1} \sim N(\mu_{h0}, \Sigma_{h0})$。

对于模型的估计，一般采用中岛（2011）提出的马尔科夫蒙特卡洛算法（MCMC，Markov Chain CMonte Carlo Method），即令 $y = \{y_t\}_{t=1}^n$，$\omega = (\sum_\beta, \sum_\alpha, \sum_h)$，设 $\pi(\omega)$ 为 ω 的先验概率密度，给定数据 y，根据马尔科夫蒙特卡洛算法，对后验分布 $\pi(\beta, \alpha, h, \omega \mid y)$ 进行抽样。

二、金融稳定状况指数

首先对进入风险价值模型的各变量进行 ADF 单位根检验，可得各序列均为平稳序列。再对风险价值模型进行估计，根据脉冲响应结果得到金融稳定状况指数，如图 7-2 所示。总体来看，金融稳定状况指数能够较好地刻画我国金融稳定状况。

2007—2009 年我国金融状况较不稳定，先后出现较大幅度的正向偏离和负向偏离，这和 2007—2009 年的国际金融危机背景是相一致的。2007 年下半年美国次贷危机发生后，各国央行采取一系列措施向市场提供额外流动性，导致各初级产品价格大幅上升，全球通胀压力明显增大，而此时中国债券市场规模不断扩大，股票市场成交量巨幅上升，市场指数强势上涨，综合

（单位：%）

图 7-2　金融稳定状况指数

各方面因素，我国的金融体系处于膨胀状态；而危机蔓延后，受各国经济金融衰退的影响，物价高位回落，下行压力增加，中国的金融市场同样陷入一定程度的衰退。

相较而言，2009—2014 年我国的金融运行较为平稳。其中，2010—2011 年为国际金融危机后的复苏阶段，受经济回升、输入型通胀等因素的影响，我国金融状况出现一定程度的过热现象，中国人民银行 2010 年年报也指出，"物价上涨压力和资产泡沫风险不容忽视"；2011—2014 年我国金融状况较为稳定，但世界经济处于深度转型调整期，主要金融市场和大宗商品价格波动较大。

而 2015—2016 年随着利率市场化、汇率形成机制改革等措施推进，金融状况出现一定程度的波动。2015 年由正向偏离转为负向偏离，虽然银行体系流动性较为充裕，但国际收支变动及其他非交易因素造成我国外汇储备余额下降达 13%；股票市场大幅波动，股指在年初出现恢复性上扬，但随后进入下跌螺旋；同时美联储加息及大宗商品需求下降也影响大宗商品价格走低。2016 年则由负向偏离再次转为正向偏离，从 2016 年全年来看，中国人民银行为稳定人民币汇率导致外汇储备继续下降，但下降速度趋缓；热点城市房价轮动上涨，局部地区出现房地产泡沫；大宗商品价格大幅上涨，均推动中国金融状况由趋紧向趋松发生转变。

三、实证结果分析

（一）时变参数向量自回归模型估计结果

为分析资本账户开放对经济增长和金融稳定的时变性影响，本章采用时变参数向量自回归模型进行估计。所选取的变量为资本账户开放程度（CAO）、金融稳定状况指数（FSCI）以及经济增长率（EGR）。首先对各变量进行 ADF 检验，可得各变量均平稳；然后根据边际似然函数最大的准则，在时变参数向量自回归模型中选择 2 阶滞后。参照中岛（2011）的方法设置参数初始值，用 MCMC 方法模拟 20000 次，抽取获得有效样本，其估计结果如图 7-3 和表 7-1 所示。

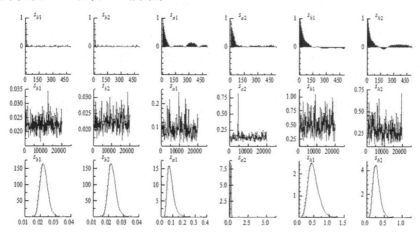

图 7-3　抽样结果

图 7-3 中，第一行为样本的自相关系数，可以看出其下降趋势较为稳定迅速；第二行为样本路径，表明抽样数据较为平稳；第三行为样本的后验密度。

表 7-1　参数估计结果

参数	均值	标准差	95%L	95%U	CD 收敛	无效因子
sb1	0.0225	0.0025	0.0183	0.0283	0.172	6.12

参数	均值	标准差	95%L	95%U	CD 收敛	无效因子
sb2	0.0224	0.0025	0.0181	0.0281	0.530	7.03
sa1	0.0839	0.0318	0.0421	0.1658	0.175	54.92
sa2	0.1370	0.1092	0.0695	0.2165	0.058	52.08
sh1	0.4924	0.1734	0.2195	0.8882	0.870	65.66
sh2	0.2822	0.0962	0.1364	0.5066	0.073	53.98

表 7-1 中，参数的后验均值都落在 95% 的置信区间内，CD 收敛诊断值也表明不能拒绝收敛于后验分布的原假设；同时所有参数的无效因子均小于100，由于有效样本为总抽样次数与无效因子的比值，说明本次抽样是有效的，所得到的样本也是足够的。

（二）整个观测期内不同滞后期脉冲响应

首先比较在整个观测期内不同滞后期的脉冲响应结果，本章选取滞后1期（短期）、滞后6期（中期）以及滞后12期（长期）的时间约束，得到脉冲响应结果如图7-4所示，则可以分别分析"资本账户开放—经济增长"以及"资本账户开放—金融稳定—经济增长"两种作用机制下的脉冲响应。

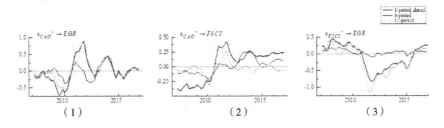

图 7-4　不同滞后期脉冲响应结果

图 7-4 中图（1）表示经济增长对资本账户开放的脉冲响应。其中，滞后1期脉冲响应的正负变动较为频繁，说明资本账户开放对经济增长的短期影响方向不明确，仅仅通过经济的短期响应来判断资本账户开放对经济增长的影响可能是不全面的。而滞后6期和滞后12期的脉冲较为相近，在2011年以前为负，2011年之后基本为正，但正向影响的程度震荡下行，即2013—2014年的响应程度明显低于2011—2012年，而2015年以后响应程度

在 0 值附近波动，这意味着，2011 年作为转折点，资本账户开放对经济增长的中长期影响由负转正，但在 2011—2012 年达到峰值后，这一正向影响出现明显的减弱。

从资本账户对经济增长的中长期效应来看，2011 年前尚属于资本账户开放的初期阶段，此时可能由于初始人均收入不高、金融机构不够健全，以及市场对资本账户开放没有全面的认识等原因，资本账户开放反而抑制经济增长；这种负向影响从 2010 年开始逐渐减小，直至 2011 年转变为正向影响，并迅速在 2011—2012 年达到峰值，可能由于在此期间，中国人民银行会同各有关部门在推动资本账户开放上积极布局，发布的《境外直接投资人民币结算试点管理办法》《关于扩大跨境贸易人民币结算地区的通知》《外商直接投资人民币结算业务管理办法》《基金管理公司、证券公司人民币合格境外机构投资者境内证券投资试点办法》等一系列政策开始发挥效果，从而促使市场逐渐了解资本账户开放，公众预期也随诸多政策的颁布而产生正向反馈，资本账户开放得以促进经济增长；但 2013 年以后，经济增长的正向响应减弱，可能是由于前期密集的相关政策过快地释放了政策红利，导致此时资本账户开放对经济增长的促进作用边际效应递减。

图 7-4 中图（2）表示金融稳定状况对资本账户开放的脉冲响应。不同滞后期的脉冲响应走势较为相近，即均在 2011 年发生转折，2011 年之前为负向脉冲响应，2011 年及之后则基本转变为正向反应。但不同时间区间内，不同滞后期的脉冲响应强度不同，总体来看滞后 6 期的脉冲响应程度最大，滞后 1 期的脉冲响应程度次之，滞后 12 期的脉冲响应程度最小。具体而言，2011 年以前，资本账户开放使得金融状况负向偏离，影响程度从短期到中期逐渐增加，达到峰值后再逐渐回到 0 值；2011 年以后，资本账户开放使得金融状况正向偏离，影响程度同样从短期到中期达到峰值，而长期影响较为微弱并且方向不明确。

因此，从影响方向来看，资本账户开放在 2011 年前导致金融收缩，而 2011 年后引起金融扩张，说明随着资本账户开放逐步推进，其对金融状况的冲击从负向转变为正向，这可能同样与 2011 年前后密集出台的资本账户开放相关配套金融政策有关。从影响持续时间来看，资本账户开放对金融稳定状况的冲击主要集中在中短期，且 2012 年以后的长期脉冲响应程度显著弱于 2012 年以前的长期脉冲响应程度，说明 2012 年以后，我国国内金融市场的改革取得一定成效，金融市场的深度和广度有所提高，能够更快吸收资本账户开放带来的冲击，从而尽可能少地将波动传导至实体经济。

图 7-4 中图（3）则表示经济增长对金融稳定的脉冲响应。滞后 1 期的脉冲响应基本为正，滞后 6 期和 12 期的脉冲响应的波动剧烈。这说明在短期内，金融状况的向好可能对经济增长产生一定的正面影响；但从中长期来看，金融扩张并不必然促进经济增长。这一效应是不稳定的，说明从金融体系到实体经济的传导机制并不明确，金融体系对实体经济的支撑作用不够稳定。

（三）不同观测时期各滞后期脉冲响应

为了对上述观测期内不同滞后脉冲响应的分析结果形成有效补充，本章选择 2009 年 7 月、2011 年 12 月、2015 年 12 月 3 个时点分析不同观测时期各滞后期脉冲响应结果：2009 年开展了资本项目可兑换、进出口核销、外汇账户等重大政策的前瞻性研究，为金融市场改革做好政策储备，其中从 2009 年 7 月起，跨境贸易人民币结算试点工作正式启动；2011 年中国人民银行会同有关部门在推动人民币跨境使用方面积极开展工作，其中 2011 年 12 月推出人民币合格境外机构投资者试点，跨境人民币业务取得重大突破；2015 年 11 月 30 日，国际货币基金组织决定将人民币纳入特别提款库权货币篮子，成为人民币国际化道路上的里程碑，因此选取 2015 年 12 月作为第三个代表性观测时期。以上 3 个观测时期的脉冲响应如图 7-5 所示。

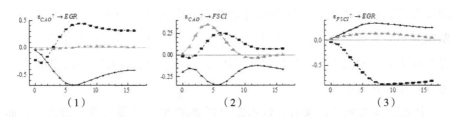

图 7-5 不同观测时期脉冲响应结果

图 7-5 的图（1）与图 7-4 的第一幅图相对应，即 2009 年 7 月时，资本账户开放处于初期阶段，此时经济增长的脉冲响应显著为负；2011

年12月，经过一系列配套改革措施的落地，资本账户开放对经济增长的影响虽然在滞后0至3期内为负，但中长期内体现为显著的促进作用；2015年12月，随着资本账户的进一步开放，资本账户开放对经济增长的作用程度已经接近于0，说明此时进一步开放资本账户已经不能够有力地推动经济增长。

图7-5的图（2）则对图7-4的第二幅图形成良好的补充说明，即2009年7月资本账户开放导致金融收缩；2011年12月经过相关部门对资本账户开放的大力支持，各配套金融市场改革措施逐步落实，资本账户开放导致金融扩张；2015年12月，虽然资本账户开放导致金融扩张这一影响方向不变，但影响时间与2011年12月比起来更短，即2011年12月的响应峰值出现在滞后6期时，而2015年12月的响应峰值出现在滞后4期时，此后响应程度迅速减小并在0值附近波动，所以2015年12月时，金融体系能够更迅速地吸收资本账户开放的冲击，在短时间内恢复到稳定状态，这也说明国内金融市场得到了一定的发展，深度和广度有所提高。

图7-5的第三幅图则展示了三个观测时点上，经济增长对金融稳定状况冲击的不同响应，可见不同时点金融状况对经济增长的影响方向和影响程度均不确定，这可能和中国金融市场到实体经济的传导渠道不畅有关。

本章小结

本章选取2007—2016年资本账户开放程度、金融稳定状况以及经济增长率进行实证分析，从"资本账户开放—经济增长"的总效应中分解出"资本账户开放—金融稳定—经济增长"这一分效应，从而具体分析了资本账户开放对经济增长的时变性影响。本章得到的主要结论为：

第一，从资本账户开放对经济增长的总体影响来看，资本账户开放对经济增长的短期影响波动较大，中长期则呈现出一定的规律性，即2011年以前资本账户开放程度的提高不利于经济增长，2011年以后资本账户进一步开放则会提振经济，但这一促进作用具有边际递减效应，即在2011—2012

年达到峰值，之后该正面效应逐渐减小，直至2015年接近于0。

第二，从资本账户开放对金融稳定状况的影响来看，资本账户开放对金融稳定状况的影响主要集中在中短期，且在2011—2012年间密集出台各项政策后，资本账户开放对金融稳定状况的长期冲击强度显著减弱，说明为配合资本账户开放所推出的金融市场改革的系列政策取得一定成效，金融体系深度和广度的增加增强了金融市场吸收外在冲击的能力。

第三，从金融稳定状况对经济增长的影响来看，虽然金融扩张在短期内可能促进经济增长，但是中长期影响并不稳定，说明从金融体系传导至实体经济的渠道没有打通，这在一定程度上削弱了2011年后资本账户开放对经济增长的促进作用。

基于上述资本账户开放对金融和经济影响的实证结果，可以得到如下启示：

首先，资本账户开放应当与其他配套金融市场改革措施相结合，对外协同推进汇率制度改革（彭红枫等，2018），对内积极发展多层次的金融市场，提高中国金融市场的深度与广度，从而增强金融市场吸收资本账户开放等外在冲击的能力，平抑金融稳定状况的波动，为中国经济增长创造良好的金融条件。

其次，由于2011年后资本账户开放带来的经济效益越来越弱，现阶段不是加速资本账户开放进程的时间窗口。中国不应盲目效仿其他推行资本账户开放的国家或经济体，而是应当根据中国实际情况，加强对资本跨境流动的管理，审慎、渐进、可控、有序地开放资本账户。

最后，中国现阶段应当在对接金融与经济上着力，疏通金融进入实体经济的渠道，提升金融市场的传导效率，引导金融市场改革的红利释放至实体经济，确保金融市场能够切实支持实体经济发展。

第八章　结论与建议

第一节　主要结论

随着"811"汇改之后我国汇率制度弹性的加大，汇率出现大幅贬值且引起国际金融市场波动。而资本账户开放的推进也因为 2015 年之后资本外流压力大增而面临挑战。这样的宏观经济背景下，如何协调推进汇率市场化及资本账户开放已成为我国政府亟待解决的问题：这两项金融改革是否有必要确定先后顺序？是否需要在不同时期分别有所侧重？如何实现金融市场化改革进程中经济福利损失的最小化？本书的研究结论能够很好地回答这些问题，对于我国政府当局选择推进金融改革的最优路径、稳定宏观经济与福利水平有着重要的理论及现实意义。通过建立贴合我国经济现实与金融制度的宏观模型弥补对我国有管理浮动汇率制度下汇率改革和资本账户开放相关研究的欠缺。以经济福利为标准，寻找汇率改革与资本账户开放政策搭配的最优路径并分析福利波动的内在机制。本书是对开放经济条件下政策搭配与金融改革理论的补充和改进，具备重要的理论意义。这对于我国政府当局选择推进金融改革的最优路径、稳定宏观经济与福利水平有着重要的现实意义。本书主要从改进非抛补利率平价方程以及构建贴合我国经济现实的开放经济动态随机一般均衡模型两方面进行创新和展开。

本书的研究建立在大量经典理论基础上，主要包括古典内外冲突理论、蒙代尔—弗莱明模型、汇率超调理论、"三元悖论"以及新开放宏观经济理论。但是，所有这些经典理论均将非抛补利率平价作为基础的假设，但大量的实证研究均发现非抛补利率平价失效的证据。同时，新开放宏观经济理论之前的经典理论均存在卢卡斯批判的问题。此外，新开放宏观经济理论及其扩展形式虽然很好地解决了卢卡斯批判，依然不能直接应用于存在特殊汇率、资本账户政策安排经济体的理论研究。这主要是因为管理浮动汇率制度、资本管制以及强制结售汇等制度安排会造成较大的经济摩擦和市场机制扭曲。

针对经典理论中存在的不足，本书首先构建了存在资本管制的一般均衡理论模型，通过求解家庭动态最优化问题得到广义非抛补利率平价方程。理论推导发现，资本管制是经典非抛补利率平价失效的重要原因。资本管制的存在使得利率平价产生扭曲，利率—汇率动态关系呈现为广义非抛补利率平价方程的形式。只有在无资本管制条件下，传统意义上的非抛补利率平价才会成立。同时，资本管制条件下，汇率、汇率预期以及通胀预期的波动都会增加非抛补利率平价扭曲的程度。最后，基于带结构突变分位数回归的实证结果验证了理论模型中得到的非抛补利率平价方程。这一结果说明，通过在模型中引入资本管制因素，能够有效解决传统利率平价理论与大量实证研究结论之间存在的冲突。

进一步，本书在新开放宏观经济理论基础上，纳入近期学者进行的扩展和改进，并且结合我国经济现实将金融摩擦、强制结售汇制度、有管理浮动汇率制度等因素以及广义的非抛补利率平价引入一个动态随机一般均衡模型内。本书以不同政策组合下经济福利水平为标准，比较不同汇率干预与资本账户开放政策搭配。福利分析的结果表明，浮动汇率及资本账户开放条件下的经济福利水平显著高于固定或有管理浮动汇率制下的福利水平。在我国现阶段实行的有管理浮动汇率制度下，如果政府选择一味降低汇率市场干预力度或者放松资本管制的开放政策，反而会降低经济福利水平。因为当外汇市场干预以及资本管制力度低时，两种政策无法有效稳定实际经济变量，加之独立货币政策的缺位，两种因素会共同引起宏观经济过度波动，直接降低经济福利。汇率市场干预力度降低到一定程度后应当从根源上进行汇率制度改革，发挥浮动汇率制下独立货币政策稳定宏观经济的作用。本书的数值模拟分析结果显示，我国应当协同推进汇率市场化和资本账户开放两大金融改革，以实现浮动汇率制及资本账户开放为最终目标。但在浮动汇率制确立之前，有必要保持一定程度的资本管制。

本书基于时变参数向量自回归模型的实证分析显示，从资本账户开放对经济增长的总体影响来看，资本账户开放对经济增长的短期影响波动较大，中长期影响在 2011 年由负转正，其后存在边际递减效应。从资本账户开放通过影响金融稳定进而传导至实体经济的作用机制来看，金融市场对资本账户开放冲击的响应越来越迅速，表明中国金融市场的系列改革增强了金融市场吸收外在冲击的能力；然而，2011 年后金融市场对实体经济的影响并不稳定，这在一定程度上削弱了 2011 年后资本账户开放对经济增长的促进作用，说明现阶段中国不应急于加速资本账户开放进程，而应当着力于打通金融进入实体经济的渠道，提升金融市场的传导效率。

第二节　政策建议

基于上述研究结论，本书提出政策建议如下：

一、坚持有管理浮动汇率制，稳步推进汇率市场化

从金融改革国际经验来看，无论是进行激进改革的国家，还是教条式遵循"先内后外"或者"先外后内"次序进行改革的国家，大多都失败了。本书针对不同汇率制度的分析结果表明，虽然有管理浮动汇率制度下的经济福利损失要大于浮动汇率制下的福利损失，如果过于激进降低对汇率市场的干预，福利损失会大幅增加到接近固定汇率制下的损失水平。因此，当前阶段我国有必要坚持有管理的浮动汇率制，避免过于激进的改革措施，维持适度水平的外汇市场干预，稳步推进汇率市场化。

二、审慎推进资本账户开放，维持金融稳定

2015 年以来我国外汇储备持续下降，资本外流压力大增。虽然 2017 年年初外汇管理局制定了外汇管制新规，但形势依然比较严峻。支持资本账户开放的学者认为居民能够通过跨境配置资产平滑消费，提升效用水平。但是很多学者忽视了资本管制本身能够起到缓冲开放经济环境下外国冲击的作用。此外，我国金融体系较为脆弱，资本管制能够防范国际金融风险向国内传导，稳定宏观经济，进而提升居民福利。前文动态随机一般均衡模型结果

表明，单纯地放松资本管制非但不能提升经济福利水平，反而会造成较大福利损失。同时，第六章实证研究结果显示现阶段不是我国加速资本账户开放进程的时间窗口。中国不应盲目效仿其他推行资本账户开放的国家或经济体，而是应当根据中国实际情况，加强对资本跨境流动的管理，审慎、渐进、可控、有序地开放资本账户。此外，还应当在对接金融与经济上着力，疏通金融进入实体经济的渠道，提升金融市场的传导效率，引导金融市场改革的红利释放至实体经济，确保金融市场能够切实支持实体经济发展。

三、协同推进汇率市场化改革与资本账户开放

本书的数值模拟分析结果显示，我国应当协同推进汇率市场化和资本账户开放两大金融改革，以实现浮动汇率制及资本账户开放为最终目标。一味降低汇率市场干预力度或者放松资本管制反而会降低经济福利水平。因为当外汇市场干预以及资本管制力度低时，两种政策无法有效稳定实际经济变量，加之独立货币政策的缺位，两种因素会共同引起宏观经济过度波动，直接降低经济福利。汇率市场干预力度降低到一定程度后应当从根源上进行汇率制度改革，发挥浮动汇率制下独立货币政策稳定宏观经济的作用。在浮动汇率制确立之前，保持一定程度的资本管制，有助于宏观经济稳定和避免经济福利水平过多波动。

第三节　未来研究方向

在未来的研究中，如下几个方面都将是进一步改进和拓展的方向：

本书对资本管制条件下广义非抛补利率平价的推导是基于一般均衡模型。虽然能够捕捉到利率平价关系中的非线性因素，但模型设定中依然存在着很多理论抽象。例如，除资本管制以外的并没有纳入更多的政策性干预因素。虽然实证结果拟合优度较高，但也无法完全排除对潜在影响因素的遗漏。因此在后续研究中，如何将更多制度和经济体制上的结构性变化引入理论模型是一个很重要的拓展方向。

本书构建的开放经济动态随机一般均衡模型较为复杂，为了更好地拟合

我国经济现实，模型对国内各部门进行了详细的设定和改进。与此同时，为了保证模型求解，简化了对外国经济部门的设定。在未来的研究当中，逐步细化对外国部门的设定是一个可供改进的方向。

本书理论模型中将本国与外国资本流动抽象为外币计价债券的交易过程，这种较为简化的设定便于在模型中刻画我国外汇冲销、强制结售汇、有管理浮动汇率制等制度特征，但不利于对国际直接投资以及跨国借贷等资本账户子项的更详细的分析。进一步在模型中纳入更为细化的资本账户子项目相关设定，结合外汇冲销、强制结售汇、有管理浮动汇率制等对我国宏观经济波动进行深入分析成为作者未来的研究方向。

本书对资本账户开放如何影响金融稳定与经济增长的实证研究是基于时变参数向量自回归模型的。这一模型的优点在于能够很好地拟合经济系统的时变特征，进一步纳入基于此模型的TVP-FAVAR以及时变参数动态随机一般均衡模型对相关问题进行分析，能够丰富和完善相关结论，提供更为稳健的统计推断。

参考文献

1. 陈斌开等：《理解中国消费不足：基于文献的评述》，《世界经济》2014 年第 7 期。

2. 陈创练等：《利率市场化、汇率改制与国际资本流动的关系研究》，《经济研究》2017 年第 4 期。

3. 陈国进等：《不同资本账户开放程度下的中国财政货币政策效果分析》，《数量经济技术经济研究》2018 年第 3 期。

4. 陈若愚等：《金融发展与资本账户开放的跨境资本流动效应——基于 PSTR 模型的非线性实证检验》，《商业研究》2019 年第 8 期。

5. 陈胜蓝、马慧：《贷款可获得性与公司商业信用——中国利率市场化改革的准自然实验证据》，《管理世界》2018 年第 11 期。

6. 陈中飞等：《利率市场化、汇率自由化和资本账户开放的顺序》，《世界经济》2017 年第 6 期。

7. 陈中飞、王曦：《资本账户子项目开放的经济增长效应及中国应用》，《管理世界》2019 年第 1 期。

8. 程惠芳等：《中国的资本账户开放、汇率制度改革与货币危机风险》，《国际贸易问题》2016 年第 11 期。

9. 戴淑庚、胡逸闻：《资本账户开放风险指数的构建与测度》，《经济与管理研究》2016 年第 1 期。

10. 邓敏、蓝发钦：《金融开放条件的成熟度评估：基于综合效益的门槛模型分析》，《经济研究》2013 年第 12 期。

11. 丁志杰等：《人民币汇率市场化改革四十年：进程、经验与展望》，《管理世界》2018 年第 10 期。

12. 鄂志寰：《资本流动与金融稳定相关关系研究》，《金融研究》2000 年第 7 期。

13. 范小云等：《三元悖论还是二元悖论——基于货币政策独立性的最优汇率制度选择》，《经济学动态》2015 年第 1 期。

14. 方显仓、孙琦等：《资本账户开放与我国银行体系风险》，《世界经济研究》2014

年第 3 期。

15. 高禄、车维汉等：《资本账户开放的经济基础条件分析》，《世界经济研究》2018年第 2 期。

16. 苟琴等：《资本账户开放与经济增长——长短期效应及渠道研究》，《经济科学》2018 年第 2 期。

17. 顾海兵等：《1996—2010 年中国利率市场化程度的测定》，《价格理论与实践》2013 年第 2 期。

18. 顾海兵、翟敏：《商业银行利率市场化程度研究的方法论分析》，《中国人民大学学报》2013 年第 3 期。

19. 郭桂霞、彭艳：《我国资本账户开放的门槛效应研究》，《金融研究》2016 年第 3 期。

20. 郭红玉、杨美超：《金融开放背景下实际资本管制能力对金融危机影响的实证研究》，《国际金融研究》2019 年第 9 期。

21. 郭建伟：《培育中国市场化利率机制需要建设基准利率体系》，《金融博览》2007 年第 2 期。

22. 胡逸闻、戴淑庚：《人民币资本账户开放的改革顺序研究——基于时变参数向量自回归模型的期限结构分析》，《世界经济研究》2015 年第 4 期。

23. 胡再勇：《我国的汇率制度弹性、资本流动性与货币政策自主性研究》，《数量经济技术经济研究》2010 年第 6 期。

24. 黄金老：《金融自由化与金融脆弱性》，北京经济科学出版社 2001 年版。

25. 黄梅波、王珊珊：《人民币事实汇率制度研究：基于篮子货币权重的经验分析》，《世界经济研究》2013 年第 9 期。

26. 黄益平、谢沛初：《我国资本项目开放的条件、时机与进程》，《中国金融》2011 年第 14 期。

27. 霍东星、方显仓：《中国资本账户开放的经济增长效应——基于制度质量渠道的分析》，《华侨大学学报》（哲学社会科学版）2019 年第 3 期。

28. 江春等：《资本账户开放对全要素生产率的影响：考虑金融危机因素的跨国实证研究》，《世界经济研究》2019 年第 1 期。

29. 姜波克：《论开放经济下中央银行的冲销手段》，《金融研究》1999 年第 5 期。

30. 姜励卿、钱文荣：《公共部门与非公共部门工资差异的分位数回归分析》，《统计研究》2012 年第 1 期。

31. 金雪军等：《中国商品市场名义价格粘性的测度》，《经济研究》2013 年第 9 期。

32. 金雪军、钟意:《汇率波动影响金融稳定的传导机制研究》,《浙江大学学报》(人文社会科学版) 2013 年第 2 期。

33. 金永军、陈柳钦:《人民币汇率制度改革评述》,《国际金融研究》2006 年第 1 期。

34. 金中夏、陈浩:《利率平价理论在中国的实现形式》,《金融研究》2012 年第 7 期。

35. 雷文妮、金 莹:《资本账户开放与经济增长——基于跨国面板数据的研究》,《国际金融研究》2017 年第 1 期。

36. 李 巍、张志超:《 不同类型资本账户开放的效应:实际汇率和经济增长波动》,《世界经济》2008 年第 10 期。

37. 李巍、张志超:《不同类型资本账户开放的效应:实际汇率和经济增长波动》,《世界经济》2008 年第 10 期。

38. 李成、白璐:《资本项目开放、金融风险传导与危机临界点预测》,《金融论坛》2013 年第 4 期。

39. 李婧:《人民币汇率制度与人民币国际化》,《上海财经大学学报》2009 年第 2 期。

40. 李丽玲、王曦:《资本账户开放、汇率波动与经济增长:国际经验与启示》,《国际金融研究》2016 年第 11 期。

41. 李巍、张志超:《不同类型资本账户开放的效应:实际汇率和经济增长波动》,《世界经济》2008 年第 10 期。

42. 李巍、张志超:《一个基于金融稳定的外汇储备分析框架——兼论中国外汇储备的适度规模》,《经济研究》2009 年第 8 期。

43. 李欣欣、刘海龙:《市场非均衡与中国资本账户开放风险》,《财经研究》2015 年第 3 期。

44. 林毅夫:《金融改革着力点》,《北大商业评论》2014 年第 7 期。

45. 刘金全等:《资本账户开放度、货币政策独立性与汇率制度选择:三元悖论还是二元悖论?》,《世界经济研究》2018 年第 5 期。

46. 刘金全、何炜:《我国利率市场化进程测度:观照发达国家》,《改革》2014 年第 10 期。

47. 刘晓辉:《汇率制度选择的新政治经济学研究综述》,《世界经济》2013 年第 2 期。

48. 刘一楠、宋晓玲:《不确定性、风险异质与"利率—汇率"随机动态均衡:理论与实证》，《世界经济研究》2016年第12期。

49. 罗子嫄、靳玉英：《资本账户开放对企业融资约束的影响及其作用机制研究》，《财经研究》2018年第8期。

50. 骆祚炎、孙雨：《资本账户开放双重门限效应与人民币资本账户有序开放：基于金融加速器视角的TVAR模型检验》，《世界经济研究》2018年第10期。

51. 梅冬州、龚六堂：《新兴市场经济国家的汇率制度选择》，《经济研究》2011年第11期。

52. 马西森：《资本账户自由化经验和问题》，中国金融出版社1995年版。

53. 倪权生、潘英丽：《G20国家资本账户开放度比较研究——基于改进的约束式测度法》，《世界经济研究》2009年第2期。

54. 潘晟：《利率市场化有利资金回流银行》，《上海金融报》2013年8月27日。

55. 彭红枫、肖祖沔：《供给侧改革背景下需要将PPI纳入通货膨胀目标吗》，《统计研究》2017年第9期。

56. 彭红枫等：《资本账户开放：影响因素与国际经验》，《武汉大学学报》（哲学社会科学版）2018年第10期。

57. 彭红枫等：《汇率市场化与资本账户开放的路径选择》，《世界经济》2018年第8期。

58. 彭红枫、邓贵川：《利率平价偏离、资本账户开放与经济波动》，《管理科学学报》2020年第8期。

59. 彭红枫、朱怡哲：《资本账户开放、金融稳定与经济增长》，《国际金融研究》2019年第2期。

60. 齐琦部：《论中国汇率制度的选择》，《金融研究》2004年第2期。

61. 阚澄宇等：《高质量发展下如何推进汇率市场化与资本账户开放？——来自134个经济体的经验证据》，《财经研究》2019年第5期。

62. 盛松成：《社会融资规模与货币政策传导》，《金融研究》2012年第10期。

63. 石巧荣、程华强：《中国资本项目开放——基于国民财富增长视角》，《世界经济研究》2012年第9期。

64. 孙俊、于津平：《资本账户开放路径与经济波动——基于动态随机一般均衡模型的福利分析》，《金融研究》2014年第5期。

65. 孙华妤：《传统钉住汇率制度下中国货币政策自主性和有效性：1998—2005》，《世界经济》2007年第1期。

66. 孙华妤：《"不可能三角"不能作为中国汇率制度选择的依据》，《国际金融研究》2004 年第 8 期。

67. 孙俊、于津平：《资本账户开放路径与经济波动——基于动态随机一般均衡模型的福利分析》，《金融研究》2014 年第 5 期。

68. 孙文杰、沈坤荣：《技术引进与中国企业的自主创新：基于分位数回归模型的经验研究》，《世界经济》2007 年第 11 期。

69. 谭小芬、高志鹏：《中美利率平价的偏离：资本管制抑或风险因素？——基于 2003—2015 年月度数据的实证检验》，《国际金融研究》2017 年第 4 期。

70. 唐琳等：《开放经济下中国汇率政策的选择——基于 Bayesian 动态随机一般均衡模型的分析》，《数量经济技术经济研究》2016 年第 2 期。

71. 唐建华：《汇率制度选择：理论争论、发展趋势及其经济绩效比较》，《金融研究》2003 年第 3 期。

72. 唐琳等：《基于 MS-VAR 的"三元悖论"约束及对经济影响研究》，《国际金融研究》2015 年第 9 期。

73. 陶雄华、陈明珏：《中国利率市场化的进程测度与改革指向》，《中南财经政法大学学报》2013 年第 3 期。

74. 陶雄华：《中国银行部门市场化进程的测度与特征》，《财贸经济》2010 年第 12 期。

75. 王彬等：《人民币汇率均衡与失衡：基于一般均衡框架的视角》，《世界经济》2014 年第 6 期。

76. 王爱俭、邓黎桥：《中央银行外汇干预：操作方式与效用评价》，《金融研究》2016 年第 11 期。

77. 王彬：《人民币汇率均衡、失衡与贸易顺差调整》，《经济学：季刊》2015 年第 4 期。

78. 王博等：《利率市场化、货币政策冲击与线上线下民间借贷》，《中国工业经济》2019 年第 6 期。

79. 王国松、曹燕飞：《我国资本账户与金融开放测度研究：1982—2010》，《国际经贸探索》2012 年第 11 期。

80. 王剑等：《我国利率市场化进程回顾与影响分析》，《国际金融》2019 年第 9 期。

81. 王舒军、彭建刚：《中国利率市场化进程测度及效果研究——基于银行信贷渠道的实证分析》，《金融经济研究》2014 年第 6 期。

82. 王曦等：《我国资本账户加速开放的条件基本成熟了吗?》，《国际金融研究》2015 年第 1 期。

83. 王曦、朱洁瑜：《汇率制度选择的国际经验与中国应用》，《世界经济》2008 年第 12 期。

84. 王雪峰：《中国金融稳定状态指数的构建——基于状态空间模型分析》，《当代财经》2010 年第 5 期。

85. 王玉：《资本账户开放程度、融资约束对货币政策有效性的影响》，《金融理论与实践》2018 年第 5 期。

86. 王元龙：《人民币资本项目可兑换相关问题的探讨》，《经济研究参考》2013 年第 49 期。

87. 王元龙：《人民币资本项目可兑换与国际化的战略及进程》，《中国金融》2008 年第 10 期。

88. 王忠诚等：《东道国资本管制与中国对外直接投资：来自上市企业跨国并购的微观证据》，《世界经济研究》2018 年第 2 期。

89. 魏下海：《贸易开放、人力资本与中国全要素生产率——基于分位数回归方法的经验研究》，《数量经济技术经济研究》2009 年第 7 期。

90. 吴成颂、王琪：《利率市场化、资产价格波动与银行业系统性风险》，《投资研究》2019 年第 3 期。

91. 吴婷婷等：《资本账户开放与货币危机的 U 型关系研究——来自中东欧与独联体转型国家的经验证据》，《上海金融》2019 年第 4 期。

92. 冼国明、李炳涛：《资本账户开放度影响因素的实证分析》，《国际经济合作》2018 年第 2 期。

93. 肖立晟、刘永余：《人民币非抛补利率平价为什么不成立：对 4 个假说的检验》，《管理世界》2016 年第 7 期。

94. 肖卫国等：《资本账户开放、资本流动与金融稳定——基于宏观审慎的视角》，《世界经济研究》2016 年第 1 期。

95. 肖祖沔、向丽锦：《资本管制与中国非抛补利率平价扭曲》，《世界经济研究》2019 年第 4 期。

96. 熊芳、黄宪：《中国资本账户开放次序的实证分析》，《国际金融研究》2008 年第 3 期。

97. 熊衍飞等：《资本账户开放与宏观经济波动》，《经济学（季刊）》2015 年第 4 期。

98. 徐雅婷、刘一楠：《房地产抵押、汇率冲击与资本账户开放——一个开放经济条件下的动态随机一般均衡分析框架》，《国际贸易问题》2019 年第 5 期。

99. 杨荣海、李亚波：《资本账户开放对人民币国际化"货币锚"地位的影响分析》，

《经济研究》2017 年第 1 期。

100. 杨小海等：《中国应加速推进资本账户开放吗？——基于动态随机一般均衡的政策模拟研究》，《经济研究》2017 年第 8 期。

101. 杨雪峰：《开放进程中人民币汇率制度演变解读》，《世界经济研究》2008 年第 9 期。

102. 易纲、汤弦：《汇率制度的"角点解假设"的一个理论基础》，《金融研究》2001 年第 8 期。

103. 易纲：《汇率制度的选择》，《金融研究》2000 年第 9 期。

104. 易纲：《中国改革开放三十年的利率市场化进程》，《金融研究》2009 年第 1 期。

105. 余永定：《寻求资本项目开放问题的共识》，《国际金融研究》2014 年第 7 期。

106. 战明华等：《利率市场化改革是否弱化了货币政策传导的"伯南克之谜"》，《世界经济》2019 年第 4 期。

107. 张春生、蒋海：《利率市场化、汇率自由化与资本项目开放的次序：理论、经验与选择》，《经济学家》2015 年第 5 期。

108. 张春生等：《我国资本项目的开放条件成熟了吗——基于金融市场的分析》，《经济学家》2017 年第 1 期。

109. 张春宝、石为华：《中国资本账户及各管制项目开放程度的测度研究》，《经济与管理》2016 年第 3 期。

110. 张卫平：《货币政策理论——基于动态一般均衡方法》，北京大学出版社 2012 年版。

111. 张勇：《热钱流入、外汇冲销与汇率干预——基于资本管制和央行资产负债表的动态随机一般均衡分析》，《经济研究》2015 年第 7 期。

112. 张永升等：《金融开放与经济增长：基于发达国家与发展中国家的实证分析》，《财政研究》2014 年第 3 期。

113. 张晓慧：《全面提升 Shibor 货币市场基准利率地位》，《中国金融》2011 年第 12 期。

114. 张志敏、李娟娟：《中国投资与消费失衡的表征、路径依赖与供给侧改革》，《宏观经济研究》2017 年第 9 期。

115. 赵茜：《资本账户开放、汇率市场化改革与外汇市场风险——基于外汇市场压力视角的理论与实证研究》，《国际金融研究》2018 年第 7 期。

116. 周小川：《关于推进利率市场化改革的若干思考》，《西部金融》2011 年第

2 期。

117. 中国人民银行调查统计司课题组、盛松成：《我国加快资本账户开放的条件基本成熟》，《中国金融》2012 年第 5 期。

118. 中国人民银行调查统计司课题组、盛松成：《协调推进利率汇率改革和资本账户开放》，《中国金融》2012 年第 9 期。

119. 朱冰倩、潘英丽：《资本账户开放度影响因素的实证分析》，《世界经济研究》2015 年第 7 期。

120. 朱孟楠、曹春玉：《中美贸易战与汇率制度选择——基于动态随机一般均衡模型的政策模拟实验》，《财贸研究》2019 年第 2 期。

121. 庄起善、张广婷：《国际资本流动与金融稳定性研究——基于中东欧和独联体国家的比较》，《复旦学报》（社会科学版）2013 年第 5 期。

122. 庄晓玖：《中国金融市场化指数的构建》，《金融研究》2007 年第 11 期。

123. 庄子罐等：《不确定性、宏观经济波动与中国货币政策规则选择——基于贝叶斯动态随机一般均衡模型的数量分析》，《管理世界》2016 年第 11 期。

124. Aizenman J, and Sengupta R, "Financial Trilemma in China and a Comparative Analysis with India", *Pacific Economic Review*, Vol. 18, No. 2, 2013.

125. Alessandria G, and Qian J, "The Development of Financial Intermediation and Real Effects of Capital Account Liberalization", *Social Science Electronic Publishing*, Vol. 67, No. 1, 2001.

126. Alfaro L, Kalemli-Ozcan S, and Volosovych V, "Why Doesn't Capital Flow from Rich to Poor Countries? An Empirical Investigation", *Review of Economics & Statistics*, Vol. 90, No. 2, 2008.

127. Aliber R Z, "The Interest Rate Parity Theorem: A Reinterpretation", *Journal of Political Economy*, Vol. 81, No. 6, 2001.

128. Arteta C, Eichengreen B, and Wyplosz C, "When Does Capital Account Liberalization Help More than It Hurts?", *NBER Working Papers*, 2001.

129. Alesina A, and Summers L H, "Central Bank Independence and Macroeconomic Performance: Some Comparative Evidence", *Journal of Money, Credit and Banking*, Vol. 25, No. 2, 1993.

130. Bandiera O, Caprio G, Honoha P, et al., "Does Financial Reform Raise or Reduce Saving", *The Review of Economics and Statistics*, Vol. 82, No. 2, 2000.

131. Baillie R T, and Kilic R, "Do asymmetric and nonlinear adjustments explain the

forward premium anomaly?", *Journal of International Money & Finance*, Vol. 25, No. 1, 2006.

132. Baldwin R E, "Re-Interpreting the Failure of Foreign Exchange Market Efficiency Tests: Small Transaction Costs, Big Hysteresis Bands", *National Bureau of Economic Research*, 1990.

133. Baillie R T, and Kilic R, "Do asymmetric and nonlinear adjustments explain the forward premium anomaly?", *Journal of International Money & Finance*, Vol. 25, No. 1, 2006.

134. Bekaert G, and Harvey C, "Time Varying World Market Volatility", *The Journal of Finance*, Vol. 43, 1995.

135. Bernanke B S, Gertler M, Gilchrist S, et al., "The financial accelerator in a quantitative business cycle framework", *Handbook of Macroeconomics*, Vol. 1, 1999.

136. Boudoukh J, Richardson M, and Whitelaw R F, "New Evidence on the Forward Premium Puzzle", *Journal of Financial & Quantitative Analysis*, Vol. 51, No. 3, 2016.

137. Bassett G, and Koenker R, "Asymptotic Theory of Least Absolute Error Regression", *Journal of the American Statistical Association*, Vol. 73, No. 363, 1978.

138. Bénassy-Quéré A, Fontagné L, and Lahrèche-Révil A, "Exchange-rate Strategies in the Competition for Attracting Foreign Direct Investment", *Journal of the Japanese and International Economies*, Vol. 15, No. 2, 2001.

139. Benigno G, and Benigno P, "Designing Targeting Rules for International Monetary Policy", *Journal of Monetary Economics*, Vol. 53, No. 3, 2006.

140. Benigno G, and Benigno P, "Price Stability in Open Economies", *Review of Economic Studies*, 2003, 70 (4): 743-764. Vol. 70, No. 4, 2003.

141. Benigno G, Chen H, Otrok C, et al., "Optimal Capital Controls and Real Exchange Rate Policies: A Pecuniary Externality Perspective", *Journal of Monetary Economics*, Vol. 84, 2016.

142. Blanchard J, and Kahn M, "The Solution of Linear Difference Models under Rational Expectations", *Econometrica*, 1980.

143. Bonfiglioli A, "Financial Integration, Productivity and Capital Accumulation", *Journal of International Economics*, Vol. 76, No. 2, 2008.

144. Bosworth B P, Collins S M, and Reinhart C M, "Capital Flows to Developing Economies: Implications for Saving and Investment", *Brookings Papers on Economic Activity*,

No. 1, 1999.

145. Bumann S, and Lensink R, "Capital Account Liberalization and Income Inequality", *Journal of International Money & Finance*, Vol. 61, No. 3, 2016.

146. Bussière M, and Fratzscher M, "Financial Openness and Growth: Short-run Gain, Long-run Pain?", *Review of International Economics*, Vol. 16, No. 1, 2008.

147. Calvo A, "Staggered Prices in a Utility – Maximizing Framework", *Journal of Monetary Economics*, Vol. 12, No. 3, 1983.

148. Calvo G A, Leiderman L, and Reinhart C M. "Capital Inflows and Real Exchange Rate Appreciation in Latin America: The Role of External Factors", *Staff Papers*, Vol. 40, No. 1, 1993.

149. Campbell J Y, and Cochrane J H, "By Force of Habit: A Consumption - Based Explanation of Aggregate Stock Market Behavior", *Journal of Political Economy*, Vol. 107, No. 2, 1999.

150. Caprio G, Honohan P, and Stiglitz J E, *Financial Liberalization : How Far, How Fast?*, Cambridge University Press, 2006.

151. Chaboud A P, and Wright J H, "Uncovered Interest Parity: It Works, But Not for Long", *Journal of International Economics*, Vol. 66, No. 2, 2005.

152. Chang C, Liu Z, and Spiegel M M, "Capital Controls and Optimal Chinese Monetary Policy", *Journal of Monetary Economics*, Vol. 74, 2015.

153. Chang R and Velasco A, "Exchange-rate Policy for Developing Countries", *American Economic Review*, Vol. 90, No. 2, 2000.

154. Chari V V, Kehoe P J and Mcgrattan E R, "Sticky Price Models of the Business Cycle: Can the Contract Multiplier Solve the Persistence Problem?", *Econometrica*, Vol. 68, No. 5, 2000.

155. Chen J, and Qian X, "Measuring the On-Going Changes in China´s Capital Flow Management: A De Jure and a Hybrid Index Data Set", China Economic Review, Vol. 38, No. 4, 2016.

156. Chen J, and Quang T, "The Impact of International Financial Integration on Economic Growth: New Evidence on Threshold Effects", *Economic Modelling*, Vol. 42, 2014.

157. Chinn M D, and Ito H, "What Matters for Financial Development? Capital Controls, Institutions, and Interactions", *Journal of Development Economics*, Vol. 81, No. 1, 2006.

158. Chinn M D , and Ito H, "A New Measure of Financial Openness", *Journal of*

Comparative Policy Analysis Research & Practice, Vol. 10, No. 3, 2008.

159. Clarida R, Gali J, and Gertler M, "A Simple Framework for International Monetary Policy Analysis", *Journal of Monetary Economics*, Vol. 49, No. 5, 2002.

160. Clarida R, Gali J, and Gertler M, "Monetary Policy Rules and Macroeconomic Stability: Evidence and Some Theory", *Quarterly Journal of Economics*, Vol. 115, No. 1, 2000.

161. Clarida R, Gali J, and Gertler M, "The Science of Monetary Policy: A New Keynesian Perspective", *Journal of Economic Literature*, Vol. 37, No. 4, 1999.

162. Coeurdacier N, and Rey H, "Home Bias in Open Economy Financial Macroeconomics", *Journal of Economic Literature*, Vol. 51, No. 1, 2013.

163. Cottarelli C, and Giannini C, "Credibility without Rules? Monetary Frameworks in the Post-Bretton Woods Era", *IMF Occasional Paper*, 1997.

164. Davis S, and Presno I, "Capital Controls and Monetary Policy Autonomy in a Small Open Economy", *Journal of Monetary Economics*, Vol. 85, No. C, 2016.

165. De Paoli B, "Monetary Policy and Welfare in A Small Open Economy", *Journal of International Economics*, Vol. 77, No. 1, 2009.

166. Desai M A, Foley C F, and Hines J R, "Capital Controls, Liberalizations, and Foreign Direct Investment", *Review of Financial Studies*, Vol. 19, No. 4, 2006.

167. Devereux M B, and Yu C, "International Financial Integration and Crisis Contagion", *Social Science Electronic Publishing*, 2014.

168. Durham J B, "Absorptive Capacity and the Effects of Foreign Direct Investment and Equity Foreign Portfolio Investment on Economic Growth", *European Economic Review*, Vol. 48, No. 2, 2004.

169. Echeverria C, Darbar M S M and Johnston M R B, *Sequencing Capital Account Liberalization: Lessons from the Experiences in Chile, Indonesia, Korea, and Thailand*, International Monetary Fund, 1997.

170. Edison H J, Levine R, Ricci L, et al., "International Financial Integration and Economic Growth", *Journal of International Money & Finance*, Vol. 21, No. 6, 2002.

171. Edwards S, and Rigobon R, "Capital Controls on Inflows, Exchange Rate Volatility and External Vulnerability", *Journal of International Economics*, Vol. 78, No. 2, 2009.

172. Edwards S, and Vegh C A, "Banks and Macroeconomic Disturbances under Predetermined Exchange Rates", *Journal of Monetary Economics*, Vol. 40, No. 2, 1997.

173. Edwards S, "Capital Controls, Sudden Stops and Current Account Reversals", *Nber Chapters*, 2005.

174. Edwards S, "Capital Mobility and Economic Performance: Are Emerging Economies Different?", *Nber Working Papers*, 2001.

175. Eichengreen B, and Hausmann R, "Exchange Rates and Financial Fragility", *National Bureau of Economic Research*, 1999.

176. Eichengreen B, and Leblang D, "Democracy and Globalization", *Economics & Politics*, Vol. 20, No. 3, 2008.

177. Eichengreen B, and Mussa M, "Capital Account Liberalization and the IMF", *Finance and Development*, Vol. 35, No. 4, 1998.

178. Einzig P, *The Theory of Forward Exchange*, Macmillan Press, 1937.

179. Einzig P, *The Theory of Forward Exchange*, Macmillan Press, 1937.

180. Emmanuel F, and Ivan W, "Dealing with the Trilemma: Optimal Capital Controls with Fixed Exchange Rates", *NBER Working Papers*, 2012.

181. Engel C, "Currency Misalignments and Optimal Monetary Policy: A Reexamination", *American Economic Review*, Vol. 101, No. 6, 2011.

182. Epstein G A, and Juliet B S, "The Structural Determinants and Economic Effects of Capital Controls in the OECD Countries", *Financial Openness National Autonomy*, 1992.

183. Eichengreen, Barry J, Andrew K, et al., "Speculative attacks on pegged exchange rates", *CPER Discussion Papers*, 1994.

184. Fernández A, Klein M W, Rebucci A, et al., "Capital Control Measures: A New Dataset", *IMF Economic Review*, Vol. 64, No. 3, 2016.

185. Feldstein M, and Horioka C Y, "Domestic Saving and International Capital Flows", *The Economic Journal*, Vol. 90, No. 358, 1980.

186. Fischer S, "Exchange Rate Regimes: is the Bipolar View Correct?", *Journal of Economic Perspectives*, Vol. 15, No. 2, 2001.

187. Forbes Kristin J, "Capital Controls: Mud in the Wheels of Market Discipline", *National Bureau of Economic Research Working Paper*, No. 10284, 2004.

188. Forbes K J, "One Cost of the Chilean Capital Controls: Increased Financial Con's traints for Smaller Traded Firms", *Journal of International Economics*, No. 71, 2007.

189. Frankel J A, "No Single Currency Regime is Right for All Countries or at All Times", *National Bureau of Economic Research*, 1999.

190. Frieden J, Ghezzi P, and Stein E, "Politics and Exchange Rates: A Cross-Country Approach to Latin America", *IDB working paper*, No. 137, 2000.

191. Froot K A, and Thaler R H, "Anomalies: Foreign Exchange", *The Journal of Economic Perspectives*, Vol. 4, No. 3, 1990.

192. Furceri D, and Zdzienicka A, "Financial Integration and Fiscal Policy", *Open Economies Review*, Vol. 23, No. 5, 2012.

193. Furno M, and Vistocco D, "Qu Test for Structural Breaks in Quantile Regressions", *International Journal of Statistics and Probability*, Vol. 2, No. 4, 2013.

194. Galí J, and Monacelli T, "Monetary Policy and Exchange Rate Volatility in a Small Open Economy", *Review of Economic Studies*, Vol. 72, No. 3, 2005.

195. Gertler M, Gilchrist S, and Natalucci F M, "External Constraints on Monetary Policy and the Financial Accelerator", *Journal of Money Credit & Banking*, Vol. 39, No. 2 - 3, 2007.

196. Ghosh A, "A comparison of exchange rate regime choice in emerging markets with advanced and low income nations for 1999 - 2011", *International Review of Economics & Finance*, Vol. 33, No. 9, 2014.

197. Glick R, Guo X, and Hutchison M, "Currency Crises, Capital-Account Liberalization, and Selection Bias", *Review of Economics & Statistics*, Vol. 88, No. 4, 2006.

198. Glick R, and Hutchison M, "Capital Controls and Exchange Rate Instability in Developing Economies", *Journal of International Money & Finance*, Vol. 24, No. 3, 2005.

199. Goldstein M, and Lardy N, "China's Exchange Rate Policy Dilemma", *American Economic Review*, Vol. 96, No. 2, 2006.

200. Goodhart C, and Hofmann B, "Asset Prices, Financial Conditions, and the Transmission of Monetary Policy", *Proceedings*, Vol. 114, No. 2, 2001.

201. Goschen G J G, *The Theory of the Foreign Exchanges*, E. Wilson: 1901.

202. Grilli V, and Milesi-Ferretti G M, "Economic Effects and Structural Determinants of Capital Controls", *Staff Papers*, Vol. 42, No. 3, 1995.

203. Guitian M, "The Challenge of Managing Global Capital Flows", *IMF Finance and Development*, Vol. 35, No. 2, 1998.

204. Hamdaoui M, Zouari A and Maktouf S, "The effect of Financial Liberalization on Banking Sector Stability", *International Review of Applied Economics*, Vol. 30, No. 5, 2016.

205. Harrison A E, Love I, and Mcmillan M S, "Global Capital Flows and Financing

Constraints", *Journal of Development Economics*, Vol. 75, No. 1, 2004.

206. Hausmann R, Panizza U, and Stein E, "Why do Countries Float the Way they Float?", *Journal of Development Economics*, Vol. 66, No. 2, 2001.

207. Henry P B, "Capital Account Liberalization: Theory, Evidence, and Speculation", *Journal of Economic Literature*, Vol. 45, No. 4, 2007.

208. Husain A M, Mody A, and Rogoff K S, "Exchange rate regime durability and performance in developing versus advanced economies", *Journal of Monetary Economics*, Vol. 52, No. 1, 2005.

209. Henry P B, "Stock Market Liberalization, Economic Reform, and Emerging Market Equity Prices", *The Journal of Finance*, Vol. 55, No. 2, 2000.

210. Ishii S, Habermeier K F, and Canales-Kriljenko J I, *Capital Account Liberalization and Financial Sector Stability*, International Monetary Fund, 2002.

211. Jeanne O, Subramanian A, and Williamson J, *Who Needs to Open the Capital Account*, Peterson Institute, 2012.

212. Karcher S, and Steinberg D A, "Assessing the Causes of Capital Account Liberalization: How Measurement Matters", *International Studies Quarterly*, Vol. 57, No. 1, 2013.

213. Keynes, and John M, "The Prospects of Gold", *New Republic*, 1924.

214. Kim S, and Lee H, "The Impact of Organizational Context and Information Technology on Employee Knowledge-Sharing Capabilities", *Public Administration Review*, Vol. 66, No. 3, 2006.

215. Keynes J M, "A Tract on Monetary Reform", *Collected Writings (CW)*, Vol. IV, 1923.

216. Kim W, "Does Capital Account Liberalization Discipline Budget Deficit?", *Social Science Electronic Publishing*, Vol. 11, No. 5, 2003.

217. Kitano S, "Capital Controls and Welfare", *Journal of Macroeconomics*, Vol. 33, No. 4, 2011.

218. Kitano S, "Capital Controls, Public Debt and Currency Crises", *Journal of Macroeconomics*, Vol. 90, No. 2, 2007.

219. Klein M W, and Olivei G P, "Capital Account Liberalization, Financial Depth, and Economic Growth", *Journal of International Money and Finance*, Vol. 27, No. 6, 2008.

220. Klein M W, and Olivei G P, "Capital Account Liberalization, Financial Depth, and

Economic Growth", *Journal of International Money & Finance*, Vol. 27, No. 6, 2008.

221. Klein M W, "Capital Account Liberalization, Institutional Quality and Economic Growth: Theory and Evidence", *NBER Working Paper*, No. 11112, 2005.

222. Klein M W, "Capital Controls: Gates Versus Walls", *National Bureau of Economic Research*, 2012.

223. Koo J, and Maeng K, "The Effect of Financial Liberalization on Firms' Investments in Korea", *Journal of Asian Economics*, Vol. 16, No. 2, 2005.

224. Kose M A, Prasad E S, and Terrones M E, "Does Openness to International Financial Flows Raise Productivity Growth?", *Journal of International Money & Finance*, Vol. 28, No. 4, 2009.

225. Kraay A, "In Search of the Macroeconomic Effects of Capital Account Liberalization", *Journal of International Economics*, 1998.

226. Krueger R A, "Focus Groups: A Practical Guide for Applied Research (2nd ed.) ", Thousand Oaks, CA: Sage Publications, 1994.

227. Krugman P R, "Target Zones and Exchange Rate Dynamics", *Quarterly Journal of Economics*, Vol. 106, No. 3, 1991.

228. Kumar-PC, "Inefficiencies from Financial Liberalization in the Absence of Well-Functioning Equity Markets", *Journal of Money Credit and Banking*, Vol. 26, No. 2, 1994.

229. Laeven L, and Valencia F, "Systemic Banking Crises Database", *IMF Economic Review*, Vol. 61, No. 2, 2013.

230. Lane P R, and Milesi-Ferretti G M, "The External Wealth Of Nations Mark II: Revised And Extended Estimates Of Foreign Assets And Liabilities", *Journal of International Economics*, Vol. 73, No. 2, 2007.

231. Leblang D A, "Domestic and Systemic Determinants of Capital Controls in the Developed and Developing World", *International Studies Quarterly*, Vol. 41, No. 3, 1997.

232. Levy-Yeyati E, and Sturzenegger F, "Classifying Exchange Rate Regimes: Deeds vs. Words", *European Economic Review*, Vol. 49, No. 6, 2005.

233. Lopes T H C R, and De Jesus C S, "Financial Liberalization and Economic Growth", *Journal of Economic Studies*, Vol. 42, No. 2, 2015.

234. Lothian J R, and De Jesus C S, "Uncovered Interest Parity: The long and the Short of It", *Journal of Empirical Finance*, Vol. 36, 2016.

235. Lucas Jr R E, "Interest Rates and Currency Prices in a Two-country World", *Journal*

of Monetary Economics, Vol. 10, No. 3, 1982.

236. Lucas R, "Two Illustrations of the Quantity Theory of Money", *American Economic Review*, Vol. 70, No. 5, 1980.

109. Lyons R K, *The Microstructure Approach to Exchange Rates*, MIT Press, 2001.

237. Marianne, Baxter, et al., "Business cycles and the exchange-rate regime: Some international evidence", Journal of International Money & Finance, Vol. 23, No. 3, 1989.

238. Matto A, "Financial Services and the WTO: Liberalization Commitments of the Developing and Transition Economies", *The World Economy*, Vol. 23, No. 3, 2000.

239. Mark N C, and Moh Y K, "Official Interventions and the Forward Premium Anomaly", *Journal of Empirical Finance*, Vol. 14, No. 4, 2007.

113. Mathieson D J, "Financial Reform and Stabilization Policy in A Developing Economy", *Journal of Development Economics*, Vol. 7, No. 3, 1980.

240. McCallum B T, "A Reconsideration of the Uncovered Interest Parity Relationship", *Journal of Monetary Economics*, Vol. 33, No. 1, 1994.

241. Mckinnon R, and Schnabl G, "The Case for Stabilizing China's Exchange Rate: Setting the Stage for Fiscal Expansion", *China & World Economy*, Vol. 17, No. 1, 2009.

242. McKinnon R I, "Money and Capital in Economic Development", Washington D. C.: Brookings Institution, 1973.

243. Mckinnon R I, "Financial liberalization and economic development", *Oxford Review of Economic Policy*, Vol. 5, No. 4, 1984.

244. Melvin M, "A Stock Market Boom During a Financial Crisis? : ADRs and Capital Outflows in Argentina", *Economics Letters*, Vol. 81, No. 1, 2003.

245. Menkhoff L, Sarno L, Schmeling M, et al., "Carry Trades and Global Foreign Exchange Volatility", *The Journal of Finance*. Vol. 67, No. 2, 2012.

246. Miniane J, "A New Set of Measures on Capital Account Restrictions", *Imf Staff Papers*, Vol. 51, No. 2, 2004.

247. Mitton T, "Stock Market Liberalization and Operating Performance at the Firm Level", *Journal of Financial Economics*, Vol. 81, No. 3, 2006.

248. Moore M J, and Roche M J, "Solving Exchange Rate Puzzles with Neither Sticky Prices Nor Trade Costs", *Journal of International Money & Finance*, Vol. 29, No. 6, 2010.

249. Nakajima J, "Time-Varying Parameter VAR Model with Stochastic Volatility: An Overview of Methodology and Empirical Applications", *Monetary and Economic Studies*,

Vol. 29, No. 11, 2011.

250. Nurkse R, "Conditions of International Monetary Equilibrium", The International Monetary System: Highlights from Fifty Years of Princeton's Essays in International Finance, 1945.

251. Oka T, and Qu Z, "Estimating Structural Changes in Regression Quantiles", *Journal of Econometrics*, Vol. 162, No. 2, 2011.

252. Owen E, and Peter J Q, "Capital Account Convertibility: Review of Experience and Implications for IMF Policies", *IMF Occasional Paper*, 1995.

253. Park D, and Sachs J D, "The Timing of Exchange Regime Collapse Under Capital Controls", *International Economic Journal*, Vol. 10, No. 4, 1996.

254. Prati A, Schindler M, and Valenzuela P, "Who Benefits from Capital Account Liberalization? Evidence from Firm-Level Credit Ratings Data", *Journal of International Money & Finance*, Vol. 31, No. 6, 2012.

255. Qu Z, "Testing for Structural Change in Regression Quantiles", *Journal of Econometrics*, Vol. 146, No. 1, 2008.

256. Quinn D, "The Correlates of Change in International Financial Regulation", *American Political Science Review*, Vol. 91, No. 3, 1997.

257. Quirk P J, *Capital Account Convertibility: a New Model for Developing Countries*, Washington, DC: International Monetary Fund, 1994.

258. Reinhart C M, and Rogoff K S, "The Modern History of Exchange Rate Arrangements", *Quarterly Journal of Economics*, Vol. 119, No. 1, 2004.

259. Reisen H, and Soto M, "Which Types of Capital Inflows Foster Developing - Country Growth?", *International Finance*, Vol. 4, No. 1, 2001.

260. Rotemberg J J, "Sticky Prices in the United States", *Journal of Political Economy*, Vol. 90, No. 6, 1982.

261. Sachs J D, "National Bureau of Economic Research", *NBER Working Paper*, NO. 8199, 2001.

262. Sarno L, and Valente G, "Deviations from purchasing power parity under different exchange rate regimes: Do they revert and, if so, how?", *Journal of Banking & Finance*, Vol. 30, No. 11, 2006.

263. Schindler M, Binici M and Hutchison M M, "Controlling Capital? Legal Restrictions and the Asset Composition of International Financial Flows", *International Monetary*

Fund, 2009.

264. Schindler M, "Measuring Financial Integration: A New Data Set", *IMF Staff Papers*, Vol. 56, No. 1, 2009.

265. Schmitt-Grohé S, and Uribe M, "Closing Small Open Economy Models", *Journal of International Economics*, Vol. 61, No. 1, 2003.

266. Schmitt-Grohé S, and Uribe M, "Optimal Simple and Implementable Monetary and Fiscal Rules", *Journal of monetary Economics*, Vol. 54, No. 6, 2007.

267. Sebastian A, and Kathryn M E D, "Herman K, Linda L T. Cross-Border Trading as a Mechanism for Capital Flight: ADRs and the Argentine Crisis", *Journal of Monetary Economics*, Vol. 53, No. 7, 2006.

268. Shaw E S, "Financial Deepening in Economic Development", New York: Oxford University Press, Vol. 25, No. 1, 2006.

269. Schmitt-Grohé S, and Uribe M, "Optimal Simple and Implementable Monetary and Fiscal Rules", *Journal of Monetary Economics*, Vol. 54, 2003.

270. Schmitt-Grohé S, and Uribe N, "Closing Small Open Economy Models", *Journal of International Economics*, Vol. 61, No. 1, 2003.

271. Singh R, and Subramanian C, "Temporary Stabilization with Capital Controls", *Economic Theory*, Vol. 34, No. 3, 2008.

272. Smets F, and Wouters R, "An Estimated Dynamic Stochastic General Equilibrium Model of the Euro Area", *Journal of the European Economic Association*, Vol. 5, No. 1, 2003.

273. Song Z, Storesletten K, and Zilibotti F, "Growing (with Capital Controls) Like China", *IMF Economic Review*, Vol. 62, No. 3, 2014.

274. Spiegel M M, "Financial Globalization and Monetary Policy Discipline: A Survey with New Evidence from Financial Remoteness", *IMF Staff Papers*, Vol. 56, No. 1, 2009.

275. Stiglitz J E, "Capital Market Liberalization, Economic Growth, and Instability", *World Development*, Vol. 28, No. 6, 2000.

276. Stiglitz D J, "Moving Beyond Market Fundamentalism to a More Balanced Economy", Annals of Public and Cooperative Economics, Vol. 80, No. 3, 2009.

277. Svirydzenka K, "Introducing a New Broad-based Index of Financial Development", *IMF Working Papers*, No. 16/5, 2016.

278. Trabelsi M, and Cherif M, "Capital Account Liberalization and Financial Deepening: Does the Private Sector Matter?", *The Quarterly Review of Economics and Finance*,

Vol. 64，2017.

279. Tytell I，and Wei S J，"Does Financial Globalization Induce Better Macroeconomic Policies?"，*IMF Working Papers*，Vol. 04，No. 4/84，2004.

280. Uribe M，and Yue V Z，"Country Spreads and Emerging Countries：Who Drives Whom?"，*Journal of International Economics*，Vol. 69，No. 1，2006.

281. Woodford M，*Interest and Prices：Foundations of a Theory of Monetary Policy*，Princeton University Press，2011.

282. Wooldridge J M，*Econometric Analysis of Cross Section and Panel Data*，MIT Press，2003.

283. Zhang W，"China's Monetary Policy：Quantity Versus Price Rules"，*Journal of Macroeconomics*，Vol. 31，No. 3，2009.

责任编辑：张　燕
封面设计：胡欣欣
责任校对：白　玥

图书在版编目（CIP）数据

中国资本账户开放问题研究/彭红枫 等 著. —北京：人民出版社，2020.11
ISBN 978－7－01－022498－5

Ⅰ.①中… Ⅱ.①彭… Ⅲ.①资本-金融开放-研究-中国 Ⅳ.①F832.21

中国版本图书馆 CIP 数据核字（2020）第 183023 号

中国资本账户开放问题研究
ZHONGGUO ZIBEN ZHANGHU KAIFANG WENTI YANJIU

彭红枫　肖祖沔　等　著

人民出版社 出版发行
（100706　北京市东城区隆福寺街 99 号）

北京虎彩文化传播有限公司印刷　新华书店经销

2020 年 11 月第 1 版　2020 年 11 月北京第 1 次印刷
开本：710 毫米×1000 毫米 1/16　印张：13
字数：200 千字

ISBN 978－7－01－022498－5　定价：49.00 元

邮购地址 100706　北京市东城区隆福寺街 99 号
人民东方图书销售中心　电话（010）65250042　65289539